Special Thanks to

아무리 바쁘게 돌아가더라도

나 빨리 만들 수는 없습니다.

길벗은 독자 여러분이

가장 쉽게, 가장 빨리 배울 수 있는 책을

한 권 한 권 정성을 다해 만들겠습니다.

독자의 1초를 아껴주는 정성을 만나보세요.

미리 책을 읽고 따라해 본 2만 베타테스터 여러분과

무따기 체험단, 길벗스쿨 엄마 2% 기획단,

시나공 평가단, 토익 배틀, 대학생 기자단까지!

믿을 수 있는 책을 함께 만들어주신 독자 여러분께 감사드립니다.

제페토 · 게더타운 · 코스페이시스
로블록스 · 이프랜드

메타버스
METAVERSE
무작정 따라하기

메타버스 무작정 따라하기

The Cakewalk Series-Metaverse

초판 발행 · 2022년 7월 25일

지은이 · 에이럭스 미래교육연구소(이치헌, 이다인, 신상희, 서원정, 윤성민)
발행인 · 이종원
발행처 · (주)도서출판 길벗
출판사 등록일 · 1990년 12월 24일
주소 · 서울시 마포구 월드컵로 10길 56(서교동)
대표 전화 · 02)332-0931 | **팩스** · 02)322-0586
홈페이지 · www.gilbut.co.kr | **이메일** · gilbut@gilbut.co.kr

기획 · 박슬기(sul3560@gilbut.co.kr)
표지 디자인 · 박상희 | **본문 디자인** · 이도경 | **제작** · 이준호, 손일순, 이진혁
영업마케팅 · 전선하, 차명환, 박민영 | **영업관리** · 김명자 | **독자지원** · 윤정아, 최희창

편집진행 · 이정주 · **전산편집** · 이도경 | **CTP 출력 및 인쇄** · 교보피앤비 | **제본** · 경문제책

ISBN 979-11-407-0076-9 03000
(길벗 도서번호 007149)

가격 22,000원

독자의 1초를 아껴주는 정성 길벗출판사
길벗 | IT단행본, IT교육서, 교양&실용서, 경제경영서
길벗스쿨 | 어린이학습, 어린이어학

페이스북 | www.facebook.com/gilbutzigy
네이버 포스트 | post.naver.com/gilbutzigy

디지털 시대를
준비하는 사람들을 위한
가장 쉬운
메타버스 입문 활용서

제페토
게더타운
코스
페이시스
로블록스
이프랜드

메타버스
무작정 따라하기

에이럭스 미래교육연구소
(이치헌, 이다인, 신상희, 서원정, 윤성민) 지음

길벗

메타버스 세상으로 삶을 확장하라

작년 가을, 서울시 일자리 복합지원시설인 창동 아우르네에서는 흥미로운 대회가 열렸습니다. 60대 이상의 어르신들을 대상으로 디지털 역량을 평가하는 경진 대회였는데, 대회 종목들도 흥미로웠지만 대회의 전반적인 진행에 이프랜드라는 메타버스 플랫폼을 활용한 점이 특히 눈길을 끌었습니다. 이프랜드에 접속한 어르신들도 처음에는 긴장하신 기색이 역력했으나, 곧 익숙해지셔서 메타버스 공간의 장점들을 적극적으로 활용하여 경진 대회를 흥겨운 참여의 장으로 바꿔놓았습니다. 이런 효과들에 고무되어 서울시는 이후에도 산하여러 기관과 협업하여 메타버스 기반의 교육, 행사 등을 시도하고 있습니다.

로블록스나 제페토 같은 메타버스 플랫폼의 성장과 오큘러스, 홀로렌즈 등 가상현실 기기의 발전을 굳이 언급하지 않더라도 메타버스에 대한 관심은 점점 커지고 있습니다. 지자체의 지역 공간 구축, 대학교 입학식과 졸업식, 플래그십 스토어 등 여러 분야에 메타버스가 활용되고 있지요. 하지만 불과 얼마 전까지만 해도 메타버스라는 용어조차 생소했던 일반 국민들에게 메타버스란 쉽게 다가가기 어려운 존재였습니다. 실제 메타버스 관련 강의 중에는 난해한 용어들의 정의나 이론을 설명하는 데에만 치중하여 교육생들은 메타버스를 글로만 이해할 뿐 정작 실제로는 활용하지 못하는 경우가 비일비재합니다.

코딩 공부를 시작하는 학생들을 위한 《초등 코딩 엔트리 무작정 따라하기》를 출간하여 상당한 인기를 얻은바 있는 에이럭스 교육연구소에서는 메타버스에 입문하는 독자들이 부담 없이 읽으면서 배울 수 있는 메타버스 가이드북을 만들어보자는 취지에서 《메타버스 무작정 따라하기》를 기획했습니다. 에이럭스가 그동안 학교, 학원, 배움터 등에서 메타버스를 가르치며 쌓은 노하우뿐 아니라 학생들이 어려워하거나 재미있어한 포인트를 아낌없이 공개하여, 선생님이 가르치기에도 학생들이 스스로 배우기에도 유용합니다.

메타버스에 대한 특별한 사전 지식이 없어도 순서대로 읽으며 따라 하다 보면 자연스럽게 메타버스를 이해하고 활용할 수 있도록 구성했습니다. 학생뿐만 아니라, 어르신들처럼 메타버스가 생소한 계층에게도 많은 도움이 될 것입니다. 이 책을 통해 여러분이 '메타버스 세상'에서 살아가는 방법을 배워나갈 수 있길 기대합니다.

2022년 7월

에이럭스 미래교육연구소

태동하는 메타버스 세상에서
빛나는 역량을 발휘하자!

인류는 과거 세 차례에 걸친 산업혁명을 통해 사회·경제적으로 기존의 모습과는 획기적으로 달라진 세상을 경험했고, 이제 또다시 메타버스라는 새로운 세상을 맞이하는 시점에 놓여 있습니다.

메타버스에 대한 개념은 소설이나 영화를 통해 어렴풋하게나마 이해할 수 있는데, 소설 《스노 크래시》와 영화 〈매트릭스〉, 〈아바타〉, 〈레디 플레이어 원〉 등에서 메타버스 공간을 배경으로 스토리가 전개됩니다. 메타버스에 대해 아직 뭐라고 한마디로 정의 내릴 수는 없지만, 앞서 언급했던 작품들을 토대로 디지털 기술로 만들어진 가상 세계로서 현실 세계에서 해오던 교육, 경제 및 문화 활동, 게임, 소통, 예술 등 거의 모든 것을 실현할 수 있는 공간이라고 정리할 수 있습니다.

그럼, 인류는 왜 이런 메타버스 세상에 탑승하려는 것일까요? 2020년 9월 우리나라의 방탄소년단은 세계에서 가장 많은 사람이 이용하고 있는 메타버스인 '포트나이트'에서 자신들의 노래인 〈다이너마이트〉 뮤직비디오 안무 버전을 공연한 적이 있는데, 이때 전 세계에서 엄청난 인원이 동시에 접속해 자신의 아바타로 방탄소년단과 함께 춤을 췄습니다. 실제 공간에서 이런 공연을 하게 되면 공연장에 참석할 수 있는 인원은 매우 제한적일 수밖에 없는데, 메타버스 세계에는 그런 제약이 없습니다.

수많은 사람이 동시에 디지털 공간에 접속하고 수많은 데이터를 동시에 처리할 수 있는 네트워크 환경과 인공지능 기술이 급진적으로 발전함에 따라, 소설과 영화에서나 볼 수 있던 메타버스 세계가 우리 눈앞에서 실현되고 있는 것이죠. 하지만 메타버스 세상은 이제 막 태동하고 있는지라 아직도 많은 사람이 메타버스 관련 용어를 낯설어하고 메타버스 세상이 필요한 이유에 대해 공감하지 못하고 있는 듯합니다.

이 책은 메타버스의 다양한 활용 사례를 통해 메타버스의 개념을 쉽게 알려주며, 메타버스 세계에서 마케팅, 수익 창출, 게임 개발, 회의 및 행사 운영, 교육 등을 직접 운영해 볼 기회를 제공함으로써, 현실과 이어지는 가상 세계로 향하는 길목을 환하게 비춰주리라 봅니다. 아무쪼록 이 책을 통해 메타버스 세계 속에서 빛나는 역량을 펼쳐보시길 바랍니다.

이 책을 재미있게 읽은
서울교육대학교 창의발명·융합과학/인공지능과학융합전공 **문성환 교수**가 추천합니다.

전문가가 알려주는 메타버스의 A to Z

메타버스에 대한 정의부터 사회적 현상, 활용 사례와 미래 전망까지 누구나 메타버스 세상에 대해 쉽게 이해할 수 있도록 핵심 포인트만 콕 집어 알려줍니다.

메타버스의 중요한 내용만 콕콕!

메타버스의 개념과 관련 기술에 대해 알기 쉽게 설명합니다. 꼭 알아두어야 하는 내용은 중요 표시를 해두었어요.

나에게 맞는 메타버스 플랫폼은?

제페토, 게더타운, 코스페이시스, 로블록스, 이프랜드를 소개하고 각 플랫폼별 특징을 비교, 분석해 나에게 맞는 메타버스 플랫폼을 선택할 수 있도록 도와줍니다.

나에게 맞는 메타버스 플랫폼 선택!

메타버스 플랫폼을 한눈에 비교, 분석해 볼 수 있도록 표로 정리해 두었습니다. 나와 가장 잘 맞는 메타버스 플랫폼을 선택해 보세요.

▶ 누구나 쉽게 이해할 수 있는 메타버스 기능

각각의 메타버스 플랫폼에서 꼭 알아두어야 할 필수 요소와 메뉴 설명 등을 정리해 놓았어요. 차근차근 읽어보면서 기능을 익힙니다.

누구나 할 수 있는 메타버스!

메타버스, 어렵지 않아요. 메타버스에 관심 있는 사람이라면 누구나 나만의 디지털 공간을 만들 수 있답니다.

♠ 직접 따라 하면서 익히는 메타버스

메타버스에 나만의 공간을 직접 만들어보세요. 메타버스 입문자도 쉽게 따라 할 수 있도록 친절하고 자세하게 설명합니다.

메타버스 무작정 따라하기!

제페토, 게더타운, 코스페이시스, 로블록스, 이프랜드 다섯 가지 메타버스 플랫폼을 모두 다 경험해 볼 수 있어요. 디지털 휴먼으로 가는 지름길로 안내합니다.

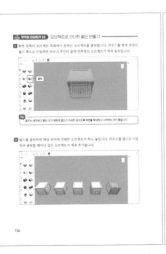

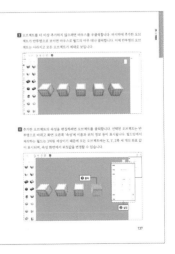

목차

CHAPTER 3

메타버스를 둘러싼 사회의 변화

CHAPTER 5

이프랜드(ifland)

PART 03
메타버스 플랫폼 활용

CHAPTER 1

제페토(ZEPETO)

CHAPTER 3

코스페이시스(CoSpaces)

CHAPTER 4

로블록스(ROBLOX)

01 로블록스 시작하기

CHAPTER 5

이프랜드(ifland)

무엇이든 물어보세요!

책을 읽다 궁금한 점이 생기면 길벗 홈페이지에 질문을 남겨보세요. 길벗 독자지원센터와 저자가 친절하게 답변해 드립니다.

01 ㅣ 길벗 홈페이지(gilbut.co.kr) 회원가입 후 로그인하기

02 ㅣ [고객센터] − [1:1 문의] 게시판에서 '도서 이용'을 클릭하고 책 제목 검색하기

03 ㅣ '문의하기'를 클릭해 새로운 질문 등록하기

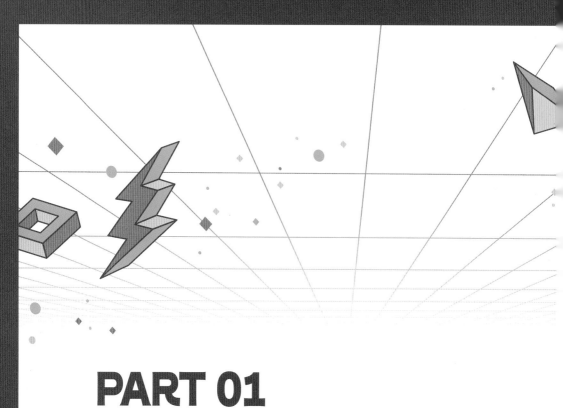

PART 01
메타버스란 무엇인가?

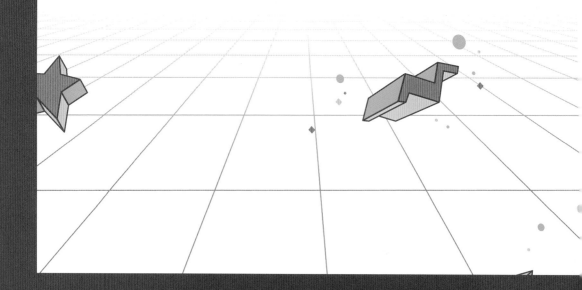

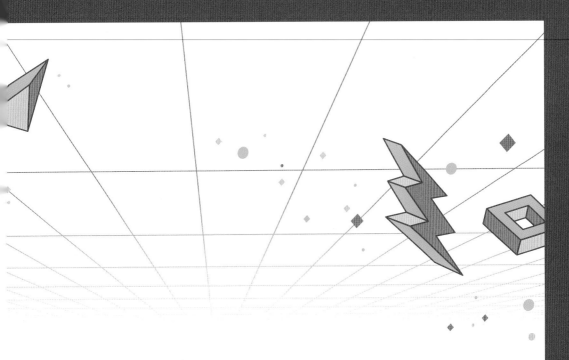

언제부터인가 메타버스라는 말이 심심치 않게 들려오더니 이제 Web 3.0 시대를 이끄는 핵심 기술이 되었습니다. 메타버스라는 단어에는 한결 익숙해졌지만 메타버스가 뭐냐는 질문에는 말문이 막힌다면? 이번 장에서는 메타버스 기술의 변천 과정, 메타버스와 관련한 사회 변화, 메타버스 세상에서 새로 생겨난 직업 등에 대해 알아보겠습니다.

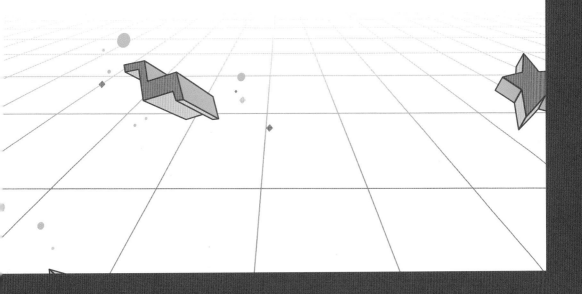

CHAPTER

메타버스
비즈니스를 향한
기업의 변화

01 > 메타버스 문화를 주도하는 제페토와 이프랜드

01 아이돌과 팬이 함께하는 제페토

본격적으로 메타버스 시대가 도래함에 따라 많은 기업이 메타버스 관련 서비스를 준비하거나, 아예 메타버스 기업으로의 전환을 선언하기도 했습니다. 네이버는 자사에서 개발한 제페토(ZEPETO)가 대표적인 메타버스 서비스로 성장하게 되자, 아예 네이버제트라는 메타버스 전문 기업을 설립하고 분사하여 제페토를 포함한 여러 가지 메타버스 서비스를 제공하고 있습니다.

2020년 9월 걸그룹 블랙핑크는 제페토에서 팬 사인회를 열었습니다. 팬들이 제페토에서 자신의 아바타로 블랙핑크 멤버의 아바타를 만나 셀카를 찍고 사인을 받을 수 있는 이벤트였습니다. 멤버들과 다양한 형태의 사진을 찍을 수 있고 자신이 가지고 있는 사진을 활용할 수도 있어서 팬들에게 엄청난 호응을 얻었는데요. 해당 이벤트 기간 동안에만 5000만 명이 넘는 팬들이 제페토를 방문했다고 합니다.

블랙핑크는 멤버들이 머무르는 가상 공간인 '블핑하우스'를 만들어 이곳에서 멤버들의 아바타와 팬들이 돌아다니며 서로 채팅하거나 '인증샷'을 찍을 수 있게 하였습니다. 팝스타 셀레나 고메즈와 오래전부터 기획했던 합동공연이 어려워지자 대안으로 3D 아바타로 만든 '아이스크림'의 안무 영상을 공개하기도 했습니다. 이 영상도 출시 보름 만에 5000만 회 이상의 조회수를 기록하여 메타버스 시대에 가장 잘 적응하는 엔터테이너가 되었습니다.

└ 제페토에서 열린 블랙핑크 팬 사인회 포스터

02 모임 활동에 탁월한 이프랜드

SK텔레콤도 2021년 7월, 기존의 가상현실 서비스를 통합하는 이프랜드(ifland)를 론칭하고 본격적으로 메타버스 서비스를 시작했습니다. 이프랜드는 메타버스에서 아바타로 만나 소통하는 커뮤니티에 특화된 플랫폼으로 원활한 모임 활동을 위해 음성 기반 실시간 소통 및 다양한 영상 자료 공유 기능을 갖추었습니다. 이러한 기능 덕분에 국내 대표 대학 축제인 연고전 응원 대항, 순천향대 신입생 입학식, 한화와 협업한 불꽃축제 등의 이벤트를 개최했습니다. 이프랜드는 편리한 접속과 커뮤니티 기능으로 MZ세대뿐만 아니라 고령층 사용자의 유입도 꾸준히 늘고 있습니다. 미래 교육 전문 기업인 에이럭스는 시니어 대상의 디지털 교육을 실시하고 추석맞이 메타버스 어른이 노래자랑, 가족사진 공모전 등 이프랜드에서 500회 이상의 이벤트를 개최하여 상당한 호응을 얻었습니다.

02 | 메타버스 플랫폼에 사활을 건 페이스북

01 메타버스 생태계를 구축하는 구 '페북', 현 'Meta'

글로벌 기업들이 메타버스 세상에 기울이는 노력은 더욱 치열합니다. 2021년 10월 29일에 열린 '커넥트 2021'에서 페이스북의 CEO인 마크 저커버그는 회사의 모든 앱과 기술을 메타버스에 집중하며 회사의 사명을 Meta로 바꾼다고 선언했습니다. 저커버그는 앞으로 회사의 모든 역량을 메타버스의 일상화에 집중하겠다면서 사람들이 메타버스에서 친구, 가족과 소통하고 커뮤니티를 만들고 비즈니스를 할 수 있도록 성장시키고 지원하는 데 힘쓸 예정이라고 발표했습니다.

메타버스에 대한 페이스북의 관심과 노력은 어제오늘의 일은 아닙니다. 2014년 VR 기기 1위 기업 오큘러스를 2.4조 원에 인수하였고 VR 콘텐츠 기업인 위딘, 게임 기업인 유닛 2 게임즈 등도 수천억의 비용을 지불하고 인수하여 페이스북 내에 메타버스 관련 생태계를 구축하는 데 총력을 기울이고 있습니다. 페이스북의 전체 직원이 4.5만 명 정도 되는데, 그중 6000명 이상이 메타버스 연구에 투입되고 있고요. 유럽 지역 메타버스 사업을 위해 1만 명 이상을 채용하겠다는 계획도 밝힌 바 있죠. 이렇게 지난 10년간 메타버스에 꾸준히 투자한 결과 페이스북은 플랫폼, 하드웨어, 이용자 등 모든 측면에서 가장 앞선 기업으로 평가받고 있습니다.

가상현실의 몰입도를 높이는 하드웨어 기기

페이스북은 메타버스 플랫폼 구축을 위해 하드웨어, 가상 환경 구축, 디지털화폐 등 세 가지 축으로 사업을 전개하여 이미 상당한 성과를 이루었습니다. 하드웨어 부문에서는 대표적으로 2020년 10월에 출시한 VR 기기인 오큘러스 퀘스트 2가 있습니다. 오큘러스 퀘스트 2는 2020년에만 150만 대가량 팔리면서 본격적인 메타버스 시대의 시작을 알렸죠. 이 밖에도 AR 글래스 아리아는 안경 하나만으로 몰입감을 높여서 가상 세계와 상호작용을 할 수 있고, 근육 감지 손목밴드 기술은 뇌가 근육에 보내는 신호를 감지하고 사람의 미세한 손동작까지 읽어내어 가상 스크린을 조작할 수 있다고 합니다. 뇌에 칩을 심어 생각만으로 메타버스 내에 들어간다거나, 다른 사람들이나 기기와 커뮤니케이션 할 수 있는 BCI(Brain-Computer Interface) 기술 또한 가장 앞서가고 있습니다.

페이스북은 메타버스상에서 신경과 근육까지 디바이스로 활용할 수 있도록 하여 가상현실 세상에서 몰입감을 높이는 데 집중하고 있습니다. 앞서 언급된 기술들이 상용화되면 영화에서 많이 보았던 것처럼 맨손으로 가상 세계의 사물을 조작하고, 실제 세상에서 할 수 있는 일 대부분이 메타버스 공간에서도 가능해질 것입니다.

현실과 소통하는 가상 환경

페이스북이 메타버스 세상에 관심을 갖고 리딩 기업이 될 수 있었던 비결은 27억 명이나 되는 페이스북 소셜네트워킹서비스(SNS) 유저들 덕분이기도 합니다. 페이스북, 인스타그램, 와츠앱 등의 SNS에 별도의 실감기술이 적용되지는 않지만, 현실과 가상의 소통이라는 측면에서 '라이프 로깅 메타버스'라는 메타버스의 중요한 축으로 평가되고 있습니다. 페이스북은 기존의 SNS 서비스를 토대로 가상 환경 SNS 서비스인 호라이즌을 준비하고 있습니다. 오큘러스 퀘스트 같은 VR 기기로 호라이즌에 접속하면 멀리 떨어진 친구들과 만나 대화하고 일하며 여러 가지 액티비티를 즐길 수 있습니다.

VR 기반 업무 서비스인 인피니트 오피스(Infinite Office)와 아바타 회의 솔루션인 스페이셜(Spatial)은 활용성이 높은 중요한 메타버스 서비스입니다. 사용자들이 사무실에 자리 잡고 앉기만 하면 인피니트 오피스를 통해 가상 모니터와 키보드가 눈앞에 떠오르면서 마치 사무실에서 멀티모니터로 업무를 보는 듯한 환경이 구축됩니다. 다른 사용자와 회의가 필요한 경우에는 스페이셜을 통해 접속하면 됩니다.

└ 페이스북의 VR 기반 업무 서비스인 인피니트 오피스

메타버스의 경제 활동을 견인하는 가상 화폐

최근에 관심을 받고 있는 가상 화폐 또한 메타버스 세상을 활성화하는 데 중요한 역할을 할 것입니다. 가상 화폐 자체가 메타버스를 구현하는 기술은 아니지만 실제 세상과 메타버스 세상을 연결하는 매개체 역할을 할 것입니다. 메타버스 공간에서 경제 활동을 하고 얻은 이익을 가상 화폐로 거래하면 훨씬 수월한데, 이 가상 화폐를 현실 세계에서도 쓸 수 있다면 메타버스에서의 경제 활동이 급격하게 활발해지는 발판이 마련됩니다.

대부분의 메타버스 플랫폼에서는 자체적인 가상 화폐를 통해 플랫폼 내에서 여러 가지 경제 활동을 지원합니다. 페이스북은 한 걸음 더 나아가 디엠(Diem)이라는 암호 화폐를 구축하고, 아예 달러로 환전도 가능하도록 서비스를 제공합니다. 디엠은 환율을 달러화에 고정시킨 스테이블코인(Stablecoin)으로서 메타버스 밖 현실에서의 사용성도 높아 빠르게 안착될 것으로 기대됩니다. 사용자가 메타버스 안에서 번 돈을 복잡한 환전 절차나 별도 수수료 없이 현실에서 사용할 수 있다면, 특정 국가가 아니라 전 세계 사용자들이 활동하는 메타버스 생태계 구축이 좀 더 빨리 이루어질 것입니다.

03 | 모든 것을 연결하는 마이크로소프트 유니버스

01 본격적으로 제공하는 메타버스 서비스

메타버스 세상으로 향하기 위한 노력은 비단 페이스북에 한정되지 않습니다. 사상 최초로 시가총액 3000조 원의 기업이 된 마이크로소프트도 2021년 3월에 열린 이그나이트 행사에서 메타버스 세상을 향해 한 걸음 더 나아간 모습을 제시했습니다. 이제까지 마이크로소프트는 메타버스라는 용어를 쓰기보다는 XR(확장현실), MR(혼합현실) 같은 솔루션을 중심으로 메타버스 관련 비전을 제시해 왔는데, 이날은 메시를 발표하며 본격적으로 메타버스 서비스를 제공하겠다고 밝혔죠.

메시(Mesh)는 2021년에 마이크로소프트가 새롭게 공개한 기술로, 지구 반대편에 있는 사람과도 가상 공간에서 만나 소통할 수 있는 새로운 AR·VR 플랫폼입니다. 사람의 행동이나 사물 등을 포착하여 영상으로 구현해 내는 것이 가장 큰 특징으로 3D 그래픽, 아바타 등으로 이루어진 가상현실에서 화상회의 등 각종 협업을 가능케 해줍니다. 각종 업무 지원 툴과의 연계로 가상공간 내 참여도, 업무 효율성 등을 극대화한다는 장점이 있습니다.

특히 2022년에는 온라인 화상회의 솔루션 팀즈(Teams)에서 카메라나 AR·VR 헤드셋 같은 특별한 가상현실 기기 없이 음성만으로도 AI가 아바타와 합성해서 회의가 가능하도록 하겠다는 목표를 제시했습니다. 새로 출시되는 팀즈에는 서로 다른 언어권 사람들이 섞여서 회의를 할 때 자동 번역 기능까지 추가된다고 합니다. 마이크로소프트에서 기존에 제공하던 파워포인트나 엑셀 같은 업무 솔루션을 가상 공간에서 활용할 수 있음은 물론이고요.

마이크로소프트는 'Metaverse is a Digital Place'라고 정의하며, 메타버스를 디지털화된 우리와 사물들이 있는 디지털 공간이라고 표현한 바 있습니다. 즉 메타버스는 평면 공간이 아니라 우리가 들어가서 생활할 수 있는 장소여야 한다고 정의한 거죠. 자사 솔루션인 메시를 통해 모든 메타버스 하드웨어, 업무 솔루션 등을 잘 연결하여 메타버스 세상이 도래하도록 하겠다는 겁니다.

이 지점에서 메타버스에 대한 마이크로소프트의 접근이 페이스북과는 다소 다릅니다. 페이스북은 스스로 하드웨어, 가상현실 솔루션, 콘텐츠 등을 모두 제공해서 메타버스 플랫폼을 장악하겠다는 그림을 그리는 반면, 마이크로소프트는 메시를 통해 자사 기기 및 솔루션뿐만 아니라 다른 기업들의 기기와 솔루션도 모두 연결하겠다고 합니다. 다른 기업들처럼 일단 메타버스를 구축해 놓고 활성화시켜 보자는 게 아니라, 메타버스의 구성 요소를 하나씩 구현해 가면서 궁극적으로는 메타버스 세상을 만들겠다는 계획입니다. 자체 MR 디바이스인 홀로렌즈, 비디오 게임인 마인크래프트 같은 제품이 있음에도 불구하고 외부로의 확장성이 넓은 메시를 중심으로 메타버스를 전개한다는 것 자체가 아직은 메타버스 기기, 솔루션 기술이 충분하지 못한 현실적 한계를 인정하고, 이러한 환경에서 메타버스를 최대한 구현할 수 있는 방법으로 접근하고 있는 셈입니다.

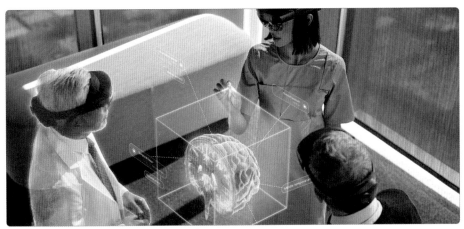

└ 마이크로소프트 메시

CHAPTER

메타버스는
어떻게
발전되었는가?

01 > VR (Virtual Reality)

01 메타버스와 《스노 크래시》

1992년도에 출간되었는데 요즘 다시 인기를 끌고 있고, 심지어 중고책이 6만~7만 원에 거래되는 책이 있습니다. 바로 닐 스티븐슨의 《스노 크래시(Snow Crash)》입니다. 게다가 주인공인 히로 프로타고니스트가 한국인 어머니와 미국인 아버지 사이에서 태어난 한국계 미국인이어서 더 관심이 가기도 합니다. 히로는 메타버스에서는 뛰어난 해커지만, 현실에서는 빚을 갚기 위해 허덕이는 피자 배달 기사입니다. 그러던 중 메타버스 안에서 퍼지고 있는 신종 마약 스노 크래시가 현실 세계 사용자의 뇌에 치명적인 손상을 입힌다는 사실을 알게 되어, 스노 크래시의 실체를 추적하면서 벌어지는 이야기를 다룬 소설이지요. 메타버스, 아바타, 세컨드 라이프 등의 다양한 용어와 개념을 세상에 처음 내놓은 책이기도 합니다.

인터넷도 활성화되지 않았던 그 당시에 그린 메타버스 공간과 VR 기기들이 지금의 영화, 드라마, 소설 등에서 많이 볼 수 있는 VR 기반의 메타버스 세상과 싱크로율이 높아서 최근 전 세계적으로 메타버스가 화두로 떠오르자 베스트셀러로 역주행하고 있습니다.

02 가상현실을 구현하는 VR 기기

스노 크래시에서 표현되었듯이 VR은 가상현실을 구성하는 각종 디지털 정보를 시각, 청각, 촉각 정보로 인간에게 전달해 또 다른 세계를 구현하는 기술입니다. 접하는 사람이 현실로 착각할 만큼 현실에 가까운 세상을 만드는 것이 핵심입니다.

현실에 가까운 가상현실을 구현하기 위해서는 아이러니하게도 이용자의 감각을 차단하여 현실 세계와 분리하는 것이 가장 중요합니다. 대부분의 VR 기기는 현실과 인간의 감각을 분리하여 몰입감을 높이는 방향으로 기술이 집중되어 있습니다.

그래서 VR 기기는 헬멧 형태가 대세입니다. 이를 HMD(Head Mounted Display)라고 부르는데요, 눈과 귀를 완전히 가리는 형태의 기기를 뒤집어써서 현실에 대한 감각을 완전히 차단하고 가상 세계 콘텐츠에 몰입할 수 있게 도와주는 원리입니다.

└ HMD(Head Mounted Display)

오랜 역사에 비해 대중화되지 못한 기술

VR은 1960년대 후반부터 우주 비행선 조종사들의 훈련용으로 개발되었으며, 메타버스 관련 기술 중에서 역사가 가장 오래된 기술입니다. 2000년대에 접어들면서 VR을 이용한 각종 콘텐츠가 개발되었는데요. VR의 장점인 높은 몰입감을 이용해서 시각, 청각 중심으로 즐길 수 있는 콘텐츠가 많습니다. 게임뿐만 아니라 드라마, 영화, 관광지 투어 등의 다양한 콘텐츠가 개발되고 있습니다.

그런데 VR 기술이 1960년대부터 이어져 왔음에도 불구하고 우리의 생각만큼 많이 보급되어 있지는 않습니다. 2015년 전후하여 삼성, 구글 등의 기업이 VR 시대를 외치면서 스마트폰 기반의 다양한 VR 제품을 내놓던 시기가 있었지만 품질 및 콘텐츠 부족 등의 이유로 VR 대중화에는 실패했습니다.

03 VR 기술은 왜 대중화되지 못했을까?

머리에 착용하기엔 무거운 장비

대부분의 HMD는 600g이 넘습니다. 머리에 쓰고 있으면 상당한 무게감이 느껴지죠. 머리에 쓰는 장비 하나만으로 가상현실을 구현하다 보니 이를 표현하기 위한 패널은 물론 배터리와 프로세서까지 모두 탑재해야 해서 상당히 무겁고, 안면에 바로 부착하는 형태 때문에 압박감도 심해서 오랜 시간 착용하기에는 무리가 있습니다.

배터리 소모가 심해서 2시간 정도밖에 사용하지 못한다는 문제점도 있습니다. 그런데 아이러니하게도 현재 배터리 문제가 큰 이슈가 되지는 않습니다. 바로 VR 콘텐츠 때문인데요. 현재 개발되고 있는 VR 콘텐츠들은 해상도 및 잔상 이슈 때문에 40분 이상 사용하면 어지러움과 메스꺼움이 생기는 경우가 많습니다. 그래서 배터리 용량의 문제가 부각되지 않는 거죠. 만약 사용 시간을 늘리기 위해 배터리 용량을 늘리면 어떻게 될까요? 배터리 무게가 더 늘어나서 지금도 무거운 HMD가 더 무거워지고 착용감이 더 나빠지는 딜레마에 빠지게 됩니다.

시각에 치우친 콘텐츠 경험

VR은 이용자의 시각, 청각을 차단하고 모니터와 스피커를 통해 새로운 콘텐츠를 제공함으로써 가상 공간을 만드는데요. 촉각, 후각 같은 나머지 감각에 대해서는 새로운 경험을 제공하지 못하기 때문에 이질감이 발생합니다.

즉 머리에 기기를 뒤집어쓰고 시선이 가는 대로 고개를 돌리면서 콘텐츠를 즐기게 되는데, 그냥 눈으로 보는 데 그치게 되는 거죠. 눈앞에 보이는 가상현실 속에서 뭔가를 만지려고 하면 실제 몸은 허공에 손을 휘젓거나 빈 공간을 향해 고개를 휙휙 돌릴 뿐 정작 손에 잡히는 것은 아무것도 없습니다. 또 캐릭터는 내 시선에 따라 달려나가는데 내 몸은 그대로 한자리에 머무르게 됩니다. 이런 감각의 불일치 때문에 오랜 시간 VR 기기를 이용하게 되면 멀미 현상을 호소하는 사람이 많고 결국 몰입감이 떨어지는 결과로 이어지게 됩니다.

활용도에 비해 높은 가격

현재 출시된 VR 기기는 대부분 400달러 이상으로 웬만한 스마트폰과 맞먹는 가격대가 형성되어 있습니다. 소비자 입장에서 활용도가 제한적인 VR 기기에 스마트폰 가격을 지불하기에는 심리적 한계가 생기기 마련이죠. 이를 해결하기 위해 일부 기업이 스마트폰에 부착하는 10~20달러 내외의 보급형 VR 기기를 출시하였으나 성능의 한계로 인해 소비자의 호응을 이끌어내지는 못하였습니다.

04 한계를 극복해 나가는 VR 기기의 약진

VR 기기의 한계를 극복해 가려는 기업들의 노력이 지속되어 최근에는 VR 사업에 가능성을 보여주는 회사들이 있습니다. 대표적인 회사가 페이스북(현 메타)입니다. 페이스북은 2014년 VR 회사 오큘러스를 인수한 후 2020년 10월 '오큘러스 퀘스트 2'라는 신제품을 출시했는데 정말 선풍적인 인기를 끌고 있습니다. 2020년 전 세계 판매고가 약 150만 대로 추정되며, 2021년에는 약 1000만 대 가까이 판매된 것으로 분석됩니다. VR 기기의 판매량이 3000만 대 정도로 늘어나면 메타를 포함한 메타버스 기업들의 생태계는 더 빠르게 확산될 것으로 예측됩니다.

오큘러스 퀘스트 2는 스마트폰용 AP로 유명한 퀄컴의 최신 AP칩을 탑재해 성능을 높이면서 무게는 500g 정도로 줄이는 데 성공했습니다. 가격도 300달러 선으로 기존 VR 기기의 가격보다 100달러 이상 낮춘 덕에 대중화에 앞장서고 있다고 합니다. 감각의 불일치 문제를 해결하기 위해 손에 쥐는 장치까지 포함했고, 가상현실 안에서 손과 접촉이 있을 경우 장치를 통해 진동을 보내주는 햅틱 기능을 삽입해서 보완했습니다.

VR 관련 기기는 HMD 외에 러닝 머신 형태의 의자형도 있습니다. 앞으로 나아가거나 날아가는 느낌을 받을 수 있도록 도와주는 기기입니다. 다른 감각을 채워주기 위한 주변 기기 또한 많이 개발되고 있어서 VR 시장이 점점 대중화될 것이라 기대하고 있습니다.

02 > AR (Augmented Reality)

01 일상에서 활용도 높은 기술

자, 다음은 AR입니다. Augmented Reality, 번역하여 증강현실이라고 합니다. 현실의 어느 장면 혹은 공간에 가상의 정보를 덧붙여 보여주는 방식입니다. 현실 이미지에 컴퓨터가 제공하는 정보를 실시간으로 덧붙여 투사하는 형태여서 '증강된 현실'이라는 뜻의 AR로 불리게 되었습니다. AR은 현실을 완전히 차단하는 VR과 달리 현실을 기반으로 작동하는 메타버스 기술입니다. 가상 세계로의 몰입도는 낮지만 일상에서의 활용도가 높습니다.

쉽게 말해 VR은 100% 가상이고 AR은 현실 50%, 가상 50%인 셈이죠. AR 기술은 특히 영화나 애니메이션 등에서 많이 볼 수 있는데요. 영화 〈아이언맨〉에서 토니 스타크가 슈트를 입으면 필요한 정보가 눈앞에 펼쳐진다거나, 영화 〈킹스맨〉에서 요원들이 특수 안경을 쓰면 보고 있는 대상에 대한 정보가 눈앞에 펼쳐지는 장면이 모두 AR입니다. AR 콘텐츠는 우리 실생활에서 생각보다 많이 사용되고 있습니다. 스마트폰으로 하늘의 별을 비추면 별자리의 이름과 모양을 보여주는 앱인 '스타 워크 2'도 증강현실 기술을 활용한 사례입니다.

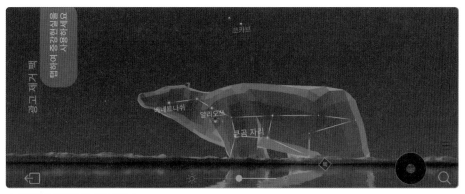

증강현실 별자리 앱 스타 워크 2

33

02 AR 기기, 스마트폰에서 웨어러블로

지금의 AR 서비스 대부분은 스마트폰을 타깃으로 제작되어 있습니다. 우리가 대부분 가지고 있는 스마트폰이 AR 기기 역할을 하는 건데요. 스마트폰은 렌즈와 스크린이 결합돼 있고 고성능 연산이 가능하므로 사진이나 영상에 정보를 덧입혀서 출력하기에는 최적의 기기죠. 하지만 스마트폰 기반의 AR은 그때그때 앱을 실행하고 원하는 곳으로 직접 렌즈를 조준해야 하는 불편함이 있습니다.

앞으로의 AR 기기는 시선이 닿는 대로 정보를 출력하고 또 읽기 쉽게 정보를 구현하기 위해서 글래스, 즉 안경의 형태로 갈 것이라는 게 일반적인 예측입니다. 설령 글래스 형태가 아니더라도 착용자가 보는 것과 같은 곳을 보면서 그 장소나 물건에 해당하는 정보를 출력해야 하기 때문에 이용자의 몸에 붙어 있는 웨어러블 형태를 벗어날 수는 없을 듯합니다.

03 AR 기술에 앞장서는 애플

AR과 관련해서 눈에 띄는 기업은 애플입니다. 애플은 하드웨어와 콘텐츠 모두에서 생태계 구축에 많은 힘을 쏟고 있는데요. 우선 하드웨어 측면에서 2015년 출시된 아이폰 6S 모델부터 AR 기능을 도입하여 아이폰으로 각종 AR 콘텐츠를 즐길 수 있게 했습니다. 게임 같은 콘텐츠뿐 아니라 원하는 지점과 지점을 촬영하면 그 사이 거리를 측정해 주는 것과 같은 콘텐츠들을 기본으로 탑재했죠. 심지어 2020년 내놓은 아이폰 12에는 자율주행자동차에 주로 사용되는 라이더 센서까지 탑재하였습니다. 공간 인식에 특화되어 있는 라이더 센서 덕에 더 빠르고 자연스럽게 AR 기능을 활용할 수 있게 되었습니다.

애플은 2022년 전용 AR 기기인 애플글래스를 출시할 예정이라고 합니다. 지금까지 안경 형태의 AR 기기는 현실 세계 위에 표현될 다양한 정보를 구현하기 위한 연산 장치를 함께 부착해야 했기 때문에 일반적으로 쓰는 안경이 아니라 크고 두꺼운 기계 장치에 가까웠는데요. 지금까지 에어팟, 애플워치 등으로 쌓아온 애플의 웨어러블 기술을 바탕으로 글래스와 아이폰이 연동해서 작동하게 되면, 글래스 자체는 훨씬 가볍고 세련된 형태가 가능해질 것으로 기대됩니다.

└ iglasses 시연 예시

03 > MR (Mixed Reality)

01 VR과 AR을 보완한 MR

한 고등학교 실내 체육관에 수백 명의 학생이 모여 있습니다. 갑자기 체육관 바닥을 뚫고 고래 한 마리가 솟구치면서 물보라를 일으킵니다. 학생들은 갑작스러운 고래와 물보라에 환호성을 지릅니다. 2016년 이 광고 한 편으로 5.4조 원 이상의 기업가치를 평가받으며 구글, 알리바바 등으로부터 수조 원의 투자를 받은 매직리프(Magic Leap)사의 이야기입니다. 이 외에도 매직리프사 홈페이지를 방문하면 펼친 두 손 안에서 코끼리가 춤을 추고, 사무실에 태양계의 움직임이 펼쳐지기도 합니다.

별도의 VR 기기를 착용하지 않고도 마치 현실 공간에 존재하는 것 같은 가상현실 구현 방식을 MR, 즉 Mixed Reality(혼합현실)라고 합니다. AR과 VR 기술을 혼합한 기술이라고 보아도 됩니다. 몰입도는 높지만 현실과 완전히 차단되어 활용성이 떨어지는 VR의 특성과, 이질감은 적지만 현실의 간섭이 큰 AR의 특성을 감안하여 각각의 장점을 취하고 단점을 보완하는 방식입니다.

02 AR과 비슷한 듯 다른 기술

현실 기반 위에 구축하는 기술이다 보니 AR과 별 차이가 없다고 말하는 사람들도 있습니다. AR과 MR 기술의 경계가 조금 모호하다고 생각되는 이유는 우선 MR의 작동방식이 AR과 비슷하기 때문입니다.

하지만 마이크로소프트사의 혼합현실 기반 웨어러블 기기인 홀로렌즈를 활용한 가상수술 영상을 보면 AR과 MR의 차이를 이해할 수 있습니다. 홀로렌즈를 착용한 의사가 수술실에 들어가면 수술대 위에 가상의 환자가 누워 있습니다. 의사가 환자의 몸 상태를 확인한 후 마치 진짜 수술을 하듯 환자의 몸을 터치하면 환자의 몸이 벌어지면서 내부의 장기와 혈관까지 모두 가상으로 구현되죠. 단순한 AR이었다면 기기를 착용하고 환자를 바라봤을 때 환자의 신상 정보만 뜨거나 장기의 이름 정도가 출력되는 데 그쳤을 겁니다.

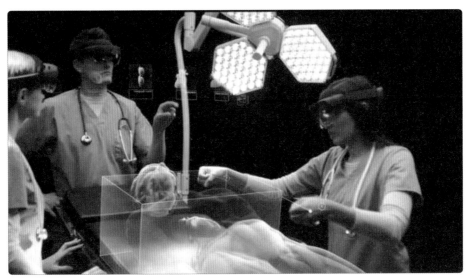

└ 마이크로소프트사의 홀로렌즈 가상수술

여기까지 메타버스로 가기 위한 전 단계인 VR, AR, MR과 관련된 기술에 대해 알아보았습니다. 기술적 문제나 높은 가격 등 아직 여러 가지로 넘어야 할 산이 많습니다. 하지만 많은 기업이 다양한 방법으로 해결책을 내놓고 있고, 기기에서 가동될 콘텐츠 역시 쌓여가고 있기 때문에 앞으로 이 기술들을 토대로 메타버스를 어떻게 실감나게 구현해 갈 수 있을지 기대됩니다.

CHAPTER

메타버스를
둘러싼
사회의 변화

01 > 크리에이터 이코노미

01 콘텐츠를 소비하며 생산도 하는 Web 3.0 시대

메타버스로 인한 사회 변화를 이해하기 위해서는 과거 PC 중심의 Web 1.0에서 모바일 중심의 Web 2.0, 현재 메타버스 환경의 Web 3.0으로의 발전 과정을 살펴볼 필요가 있습니다.

Web 1.0과 Web 2.0의 중간까지, 즉 1990~2000년대에 콘텐츠는 중앙집권적인 구조로 생성되었습니다. 인터넷 사업자들이 콘텐츠를 생성하면 이용자들은 포털 등을 통해 이를 소비하는 방식이었습니다. 기술적으로도 클라이언트가 서버에 요청하고 응답을 받는 방식입니다.

	Web 1.0	Web 2.0	Web 3.0
플랫폼	WWW	모바일	메타버스
디바이스	PC	스마트폰	VR · AR 기기

하지만 4G 시대가 시작되는 Web 2.0의 후반부에 가면서 사용자가 직접 콘텐츠를 만드는 UCC(User Created Contents)가 가능한 각종 플랫폼이 등장하고 이 플랫폼에서 이용자가 직접 콘텐츠를 만들며, 심지어 이용자가 생산한 것들이 전문 기업의 콘텐츠를 압도하는 현상이 발생하게 되었습니다. 콘텐츠를 일방적으로 소비하기만 하는 것이 아니라 다른 이용자가 생산한 콘텐츠를 소비하고, 내가 콘텐츠를 생산하기도 하는 구조로 변한 것이죠. 현재의 유튜브, 틱톡, 페이스북 등의 소셜미디어가 UCC를 촉진시켰습니다.

이용자에 의해 콘텐츠가 생산되는 프로슈머 현상은 메타버스 세상인 Web 3.0에서는 더욱 심화될 것입니다. 과거의 Web 1.0에서는 기업이, Web 2.0에서는 콘텐츠 제작에 특별한 재능을 가진 이용자가 콘텐츠를 만들었다면 Web 3.0은 콘텐츠에 대한 아이디어만 있으면 누구나 직접 콘텐츠를 제작하고 유통할 수 있는 시대이기 때문입니다. 메타버스 플랫폼에서는 아바타를 활용한 콘텐츠 제작이 가능하기 때문에 만들 수 있는 콘텐츠의 폭도 훨씬 넓어지게 됩니다.

현재 메타버스에서는 사용자가 아바타로 자신을 표현하고, 아바타로 마음껏 활동할 수 있는 오픈월드라는 공간을 구축합니다. 그런 다음 오픈월드에서 아바타를 활용하여 여러 가지 콘텐츠를 만들고, 이 콘텐츠를 다른 이용자와 공유하면서 일정한 대가를 지급받는 시스템이 작동되고 있습니다. 이러한 시스템에서 이루어지는 모든 활동을 크리에이터 이코노미라고 부릅니다.

02 > 콘텐츠 제작 헤게모니의 이동

01 소프트웨어와 하드웨어의 영역 파괴

메타버스 세상의 가속화를 이해하기 위해 다음으로 알아야 할 내용은 콘텐츠 헤게모니 경쟁입니다. 과거 소프트웨어 기업과 하드웨어 기업은 경쟁보다 협업 관계였습니다. 서로의 영역을 존중하고, 최대의 성과를 내기 위한 전략적 협업이 많았습니다. PC 사업 분야에서 마이크로소프트와 인텔의 협업을 대표적인 예로 들 수 있죠.

하지만 인터넷의 등장으로 소프트웨어 기업과 하드웨어 기업의 경쟁이 시작되었습니다. 인터넷과 모바일 혁명이 일어나면서 사실상 소프트웨어 기업과 하드웨어 기업 간의 영역 파괴가 일어났기 때문입니다.

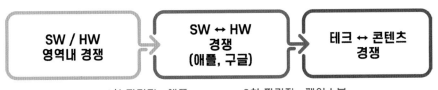

대표적인 하드웨어 기업이었던 애플은 앱스토어를 비롯하여 현재는 애플 TV까지, 소프트웨어와 콘텐츠 영역으로 사업을 확장해 가고 있습니다. 구글이나 마이크로소프트의 경우에도 다수의 하드웨어 기업을 인수하여 많은 제품을 출시하고 있으므로 현재로서는 하드웨어 기업이라고 말하지 않을 수 없습니다. 소프트웨어와 하드웨어의 영역을 파괴하는 회사들은 본래의 사업 영역에서 장악한 강력한 헤게모니를 바탕으로 반대쪽 영역에서도 막강한 영향력을 행사합니다. 소프트웨어 회사이지만 하드웨어 회사들을 쥐고 흔든다거나, 반대로 하드웨어 회사이나 소프트웨어 영역을 흔들고 있죠.

이러한 영역 파괴는 이제 시작에 불과합니다. 사실 하드웨어 기업이든, 소프트웨어 기업이든 신기술을 기반으로 산업 혁신을 주도하는 테크 기업입니다. Web 3.0의 메타버스 세상에서는 테크 기업과 콘텐츠 기업 간의 경쟁이 시작됩니다. 대표적인 사례가 넷플릭스와 디즈니입니다.

테크 회사의 콘텐츠 제작

넷플릭스는 테크 회사로서 콘텐츠 기업들과 사이가 좋았어요. 콘텐츠 기업이 만든 콘텐츠를 넷플릭스 플랫폼에 올리고 많은 사용자들이 시청할수록 넷플릭스와 각각의 콘텐츠 기업이 함께 수익을 올리는 윈윈 구조로 성장했습니다. 그런데 강력한 콘텐츠 기업인 HBO가 곰곰이 살펴보니, 자신도 넷플릭스와 같은 콘텐츠 플랫폼 사업을 할 수 있겠다고 생각하게 된 겁니다. HBO는 자체 콘텐츠 플랫폼 사업을 위해 대표적인 인기 콘텐츠인 〈왕좌의 게임〉을 넷플릭스에서 빼기로 결정했는데요. 〈왕좌의 게임〉이 빠지고 난 다음 넷플릭스 구독자의 30%가 줄어들게 됩니다. 아마 당시 넷플릭스는 회사가 망할지도 모른다는 위기감을 느꼈을 거예요. 넷플릭스는 그 사건을 통해서 자체 콘텐츠가 없으면 망할 수도 있겠다는 교훈을 얻고 자체 오리지널 콘텐츠를 제작하게 되었습니다. 〈하우스 오브 카드〉를 포함해 다수의 인기 콘텐츠를 개발하며 기사회생하게 되었죠. 해외에서도 콘텐츠 개발에 막대한 비용을 투자하게 되었고, 아시아권에서는 우리나라에 집중 투자하면서 〈미스터 션샤인〉, 〈오징어 게임〉 같은 작품들을 제작했습니다. 이러한 투자를 바탕으로 점차 콘텐츠 공룡이 되기 시작했죠.

콘텐츠 공룡의 플랫폼 론칭

반대로 디즈니는 원래부터 콘텐츠 공룡으로, 넷플릭스에 다수의 콘텐츠들을 공급해 오고 있었습니다. 그런데 언제부터인가 넷플릭스가 콘텐츠를 직접 제작하며 위협적으로 성장하는 모습을 보면서 자신도 플랫폼 사업을 해야 한다는 위기감을 느끼게 됩니다. 그래서 다수의 테크 기업을 인수하여 자체 콘텐츠 플랫폼인 디즈니 플러스를 개발, 론칭합니다.

03 언택트 시대의 도래

01 팬데믹으로 인한 가상 사무 환경 등장

코로나 팬데믹으로 인해 많은 기업이 재택근무 중심의 사무 환경을 운영하였습니다. 효과적인 가상 사무 환경 구축을 위해 상당한 비용을 투입할 수밖에 없는 구조였는데 이로 인해 줌과 같은 화상 솔루션 기업이 크게 성장했습니다. 마이크로소프트나 구글과 같은 기존의 업무 환경 솔루션을 제공하는 기업들 또한 신규 서비스 론칭, 기존 서비스 통합 등을 통해 새로운 가상 사무 환경을 제시합니다.

마이크로소프트는 메시를 통해 3D 그래픽, 아바타 등으로 이뤄진 가상현실 플랫폼에서 화상회의 등 각종 협업을 가능하게 해주며, 기존의 문서·업무 지원 툴과 연계하여 가상 공간 내 참여도, 업무 효율성 등을 높일 수 있도록 지원합니다. 이를테면 디바이스 자체에 CPU가 장착된 독립형 홀로그래픽 컴퓨터인 '홀로렌즈 2'를 공동 작업·통신 플랫폼인 '메시'에 연계하여, 현실 세계를 가상 공간으로 매핑하고 클라우드 서버를 통해 홀로그램 객체를 공동으로 편집하거나 공유할 수 있습니다.

└ 페이스북의 호라이즌 워크룸에서 회의하는 모습

└ 마이크로소프트 메시로 회의하는 모습

코로나 팬데믹 기간 동안 화상 솔루션 사용 시간이 길어지면서 다수의 사용자들이 피로를 호소하는 일이 발생했습니다. 스탠포드대학에서 이러한 현상의 원인을 연구하여 발표한 적이 있는데, 이른바 '줌 피로도' 현상입니다.

줌 피로 증후군의 원인으로 우선 과각성 상태를 들 수 있습니다. 원래 회의 시간에 이것저것 딴짓을 하기도 하는데, 화상회의를 하면 모두가 자신을 바라보고 있는 것 같아 기가 빨리는 거죠. 두 번째는 사적 공간의 침범입니다. 화면에서만 보이니 실제로 사적 공간을 침범하는 건 아니지만, 실제 공간을 침범당하는 느낌이 든다는 겁니다. 계속 자신을 바라보는 데서 오는 피로감도 상당합니다. 자기 자신의 모습을 지속적으로 바라보다 보면 스스로의 모습에 대해 부정적인 느낌이 많이 쌓이게 되어 피로를 느끼게 됩니다. 제스처 같은 비언어적인 표현이 불가능한 것도 피로도가 높아지는 원인입니다. 비언어적인 표현에 제약이 생기니 자연스럽게 언어적 표현이 강해지고 이로 인해 발표자와 청취자 모두 피로도가 높아집니다.

오피스 플랫폼의 탄생

줌 피로도를 극복하기 위한 솔루션들이 속속 출시되고 있는데 최근에 각광받고 있는 게더타운도 그중 하나입니다. 게더타운은 초기에 VR, AR 관련 서비스를 개발하는 사업을 전개하다가 2019년 6월에 게더타운의 전신인 온라인타운을 개발하여 서비스를 제공하기 시작했습니다. 당시에는 사람들이 만나서 자유롭게 의견을 주고받는 오픈 플랫폼을 만드는 것이 목표였는데 갑자기 코로나 팬데믹이 확산되고 전 세계가 봉쇄되면서, 이 온라인 플랫폼을 오피스 플랫폼으로 활용해 보자는 아이디어를 토대로 일부 수정하여 내놓은 서비스가 바로 게더타운입니다. 출시 직후부터 실리콘밸리의 IT 개발자를 중심으로 큰 인기를 끌었고, 점차 일반 사용자들에게도 확산되었습니다.

이용자 간 연결 기능을 강화한 아바타

게더타운이 인기를 끈 이유는 줌 피로도를 해결하기 위한 여러 가지 기능 덕분입니다. 게더 타운은 기본적으로 아바타를 통해 참여합니다. 자신과 동료들의 실제 얼굴을 보는 게 아니 기 때문에 앞서 언급한 줌 피로도의 주요 원인들이 줄어듭니다. 하지만 이용자와 이용자 간 의 연결 기능은 강화했습니다. 아바타끼리 지나가다가 일정 거리 안으로 가까워지면 자동 으로 화상채팅이 떠서 마치 대면하는 느낌이 들고요. 반대로 아바타끼리 멀어지면 먼저 얼 굴이 안 보이게 되고, 소리도 점점 멀어지게 됩니다. 회사 복도에서 동료를 만나 대화하는 듯한 느낌이 들어 실제 사무실 같다는 반응이 많습니다.

손쉽게 만드는 나만의 공간

게더타운의 또 다른 장점은 자신만의 월드를 쉽게 구축할 수 있다는 점입니다. 게더타운에 서 제공되는 맵 메이커를 이용하면 손쉽게 각종 기능을 적용하여 필요한 공간을 디자인할 수 있는 거죠. 월드 구성의 용이함과 다수의 사용자들 덕분에 많은 기업이 게더타운에 홍보 관 또는 플래그십 스토어를 운영하고 있습니다. 이를테면 코카콜라는 게더타운에 플래그십

게더타운에 개관한 코카콜라 플래그십 스토어

스토어를 개관하여 코카콜라의 역 사, 제품, 공정 라인 등에 대해 소 개합니다.

이러한 장점으로 게더타운은 서비 스 개시 1년 만에 400만 명이 동 시에 사용하는 업무 플랫폼으로 성장했습니다. 2021년 초 2600만 달러(약 311억 원) 투자를 유치하 고, 다시 1년도 되지 않아 170배 가 넘는 투자금을 유치하는 데 성 공했으며 2021년 말에는 기업 가 치가 1억 7600만 달러(약 2108억 원)까지 올라갔습니다.

CHAPTER

메타버스 시대에
떠오르는 직업

01 > 월드 빌더

01 메타버스 세상의 건축가

메타버스 플랫폼에서 새롭게 생겨난 직업인 월드 빌더는 메타버스 세상을 구축하는 전문가라고 생각하면 됩니다. 요즘 메타버스 플랫폼에서 각종 행사들이 열리고 있는데요, 오프라인에서 행사가 있을 때 사회는 누가 맡고 무대는 어떻게 꾸밀지 등을 정하는 것처럼 메타버스 환경에서 공간을 구성하고 행사를 준비하는 사람들을 월드 빌더라고 합니다. 일종의 메타버스 건축가인데요, 중력이 작동하지 않는 공간이기 때문에 건축가라고 해서 특별히 건축이나 토목에 대한 지식이 필요하진 않습니다.

02 무엇이든 지을 수 있는 메타버스 세상

가상 여행지로 탄생한 한강공원

최근에 메타버스에서 진행된 월드 빌더 사례를 몇 가지 소개하겠습니다. 한국관광공사는 제페토 이용자 2만 2000명을 대상으로 '제페토를 통해 가보고 싶은 한국 관광지'라는 설문조사를 진행한 바 있습니다. 이때 1위를 차지한 한강공원을 제페토에서 가상 여행지로 구축하였습니다. 공개된 지 하루 만에 26만 명이 방문하여 엄청난 호응을 이끌어냈고, 현재까지 900만 명 이상이 방문하는 등 여전히 인기가 많습니다.

└ 제페토에 구축한 한강공원

도서관 콘텐츠를 체험하는 실감서재

실감서재에서는 VR 기기를 통해서 독서할 수 있는 공간을 선택하고, 자료 검색도 가능한 서비스를 제공합니다. 실물로 보기 힘든 고지도나 허준의 《동의보감》 등 국보급 자료들도 VR로 구현되어 있어서 생동감 넘치는 콘텐츠로 감상할 수 있습니다.

└ 국립중앙도서관의 실감콘텐츠 체험관인 실감서재

가상 공간으로 재현한 인천광역시

인천시는 마이크로소프트와 함께 인천공항, 인천대교, 인천항, 인천시청 등 인천광역시의 랜드마크를 마인크래프트에 가상 공간으로 재현하여 시민들에게 공개하였습니다. 단순히 공간만 구축하는 것이 아니라 인천크래프트 내에서 여러 가지 이벤트를 같이 진행하여 사용자들의 높은 호응을 얻었습니다.

└ 가상 공간으로 재현한 인천크래프트

디지털 역량을 강화하는 디지털배움터

한국지능정보사회진흥원에서 시행하고 있는 디지털배움터 사업에서는 고령층 및 취약계층을 대상으로 디지털 역량을 강화하기 위한 교육을 진행합니다. 이 교육과정의 일환으로, 추석임에도 코로나로 인해 가족과 함께 명절을 즐기지 못하고 홀로 지낼 교육생들을 대상으로 메타버스 플랫폼인 이프랜드에서 명절 이벤트를 개최했습니다. 추석맞이 사진전, 노래자랑 등 다양한 이벤트가 열렸는데, 메타버스를 체험해 본 적 없는 고령층 교육생이 다수 참가하여 메타버스의 확장성을 확인할 수 있는 기회가 되었습니다.

└ 이프랜드에서 열린 어르신 노래자랑

49

02 메타버스 개발자

01 각광받는 인기 직업

메타버스 세상에서 각광받는 직업 중에 메타버스 개발자가 있습니다. 메타버스 내에서 게임이나 여러 가지 서비스를 개발하는 직업입니다. 이 직업군은 메타버스 기반 게임 플랫폼인 로블록스에서 가장 활발히 활동하고 있습니다.

로블록스는 게임 판매 수익의 25%, 게임 아이템 등 거래에서 발생하는 수익의 70%를 개발자에게 분배하고 있습니다. 개발자에게 배분한 수익이 2019년 4분기에는 3980만 달러(466억 원)였던 게 2021년 2분기에는 1억 2970만 달러(1517억 원)로 약 3배 가까이 증가했을 정도로 직업으로서 개발자의 인기가 상당합니다.

로블록스 경제 규모가 커지면서 로블록스에서 활동하는 개발자의 규모도 늘어나고 있습니다. 2022년 3월 로블록스 홈페이지 기준으로 2018년 1월부터 현재까지의 누적 개발자 수가 950만 명, 이들이 개발한 체험 가능한 게임의 수도 2400만 개에 달합니다.

02 로블록스에서는 누구나 개발자!

로블록스의 개발자는 기존의 게임 개발자들과는 조금 다릅니다. 기본적으로 로블록스 스튜디오만으로도 게임 개발이 가능하기 때문에, 아이디어만 가지고 개발자로 활동하는 사람들이 상당수입니다. 배드 비즈니스라는 슈팅 게임으로 한 달에 5500만 원의 수익을 올린 이든 가브존스키, 한 달에 3억 원 가까운 수익을 올리고 있는 범죄 게임인 제일 브레이크의 개발자 알렉스 발판츠는 어려서부터 로블록스 게임을 즐겼고 이제는 직접 만든 게임으로 큰 성공을 거두었습니다. 이런 케이스들이 지속적으로 등장하면서 로블록스에서 개발자는 하나의 직업으로 자리 잡는 중입니다.

이렇게 로블록스 개발자가 증가하고, 메타버스 내 경제가 활성화되자 로블록스는 RDC (Roblox Developer Conference)라는 개발자 회의를 개최하기도 했습니다. 2020년 7월에 열린 RDC에는 전 세계 34개국에서 600명 이상의 재능 있는 스크립터 및 개발자, 아티스트 등이 참가했습니다. 모든 과정이 완전히 로블록스 내에서 이루어졌으며, 완전한 메타버스 공간으로 가기 위한 로블록스의 비전과 서비스 방향에 대해 논의하고, 신나는 파티와 네트워킹 행사가 제공되었죠. 메타버스 내에서 모든 활동이 이루어질 수 있다는 로블록스의 메타버스 세계관과 개발자, 사용자들의 모습을 살펴볼 수 있는 기회였습니다.

└ 로블록스에서 열린 개발자 회의

03

메타버스 디자이너

01 아바타의 패션을 책임진다!

마지막으로 메타버스에서 뜨는 직업은 아바타 의상 디자이너입니다. 메타버스 이용자들은 아바타의 의상에도 많은 투자를 하기 때문에, 아바타의 개성을 더 잘 드러낼 수 있는 의류를 디자인하고 판매하는 직업도 주목할 만합니다. 아바타 의류 디자이너가 가장 활발하게 활동하는 플랫폼은 제페토입니다. 아무래도 아바타 꾸미기로 시작한 서비스이기 때문에 더 활성화된 것으로 보입니다. 디자이너는 제페토 스튜디오에서 제공하는 기능을 활용해서 2D, 3D 디자인을 할 수 있습니다. 현재 제페토에서 활동하는 디자이너가 50만 명, 이들이 만든 누적 아이템 수는 1500만 개에 달한다고 합니다.

어릴 적 동네 문방구에서 팔던 종이 인형 만들기와 비슷한 원리로 제작하는데 색상, 패턴, 그림만 입히면 자유롭게 의상을 디자인하고 제작할 수 있습니다. 숙련된 패션 디자이너들은 3D로 조금 더 디테일하게 작업합니다. 포토샵, 일러스트레이터, 3D 모델링 프로그램 등 다양한 디자인 툴을 이용하여 모델링을 할 수 있습니다.

아주 작은 픽셀 안에 존재하는 아바타가 입을 옷을 만드는 것도 전문성이 필요한 일이기 때문에 이미 가상 패션 원단, 부자재를 판매하는 업체도 생겼습니다. 다양한 가상 원단과 단추, 지퍼 등을 판매하는 스타트업 '클로-셋 커넥트'에는 유명 원단 및 부자재 회사가 입점되어 있는데 다양한 질감과 색감의 원단, 부자재 중 원하는 것을 구매하여 가상 제품에 적용하면 됩니다. 패션뿐만 아니라 가상 세계에서 화장하는 기술을 콘텐츠화하여 판매하는 것도 가능합니다.

└ 제페토 스튜디오를 이용한 아이템 디자인

02 가파르게 증가하는 디자인 크리에이터

2020년 제페토가 스튜디오 서비스를 처음 시작할 당시 아이템 디자인에 참여한 인원이 6만 명, 실제 제작된 아이템은 2만 개 수준이었는데요. 1년 사이에 크리에이터는 8배, 아이템 수는 750배나 증가했습니다. 제페토에서 활동하는 대표적인 크리에이터 렌지는 150만 개 이상의 아이템을 디자인하여 최근에는 월 1500만 원에 가까운 수익을 올리고 있다고 합니다. 제페토 안에 디자이너를 위한 매니지먼트 회사까지 차려 디자이너들을 교육하고 있다고 하네요.

PART 02
다양한 메타버스 플랫폼

코로나 시대를 거치면서 메타버스는 반짝하고 지나가는 기술적 유행이 아니라 시장 규모와 이용자 수, 기술적 가치 등에 있어서 상상 이상의 영향력을 펼치게 되었습니다. 시장 확대와 더불어 메타버스 플랫폼의 종류와 수는 급격히 증가하고 있으며 그 기능과 활용도도 다양합니다. 현재 가장 많이 활용되고 있는 메타버스 플랫폼 5가지를 선정하여 특성과 활용 사례를 비교해 보겠습니다.

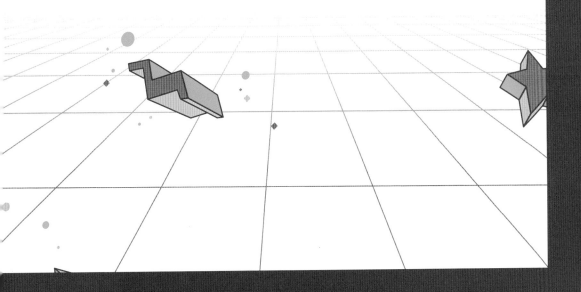

CHAPTER

1

제페토(ZEPETO)

01 | 제페토, 전 세계 MZ세대가 모인 곳

01 MZ세대의 놀이터

2018년 8월 출시한 제페토는 네이버제트가 운영하는 증강현실(AR) 아바타 서비스로, 국내 대표적인 메타버스 플랫폼입니다. 가상현실(VR)보다 한 단계 더 진화한 개념인 메타버스 플랫폼에서 아바타로 다양한 활동을 할 수 있도록 개발됐습니다.

서비스 명칭은 동화 《피노키오》의 할아버지 이름인 제페토에서 따왔습니다. 사람처럼 말하고 행동하고 생각하는 나무 인형을 만든 제페토 할아버지처럼, 이용자들도 온라인에서 자신이 원하는 모습으로 아바타를 창조하고 성격을 부여하여 함께 소통하는 장으로 제페토를 활용할 수 있습니다.

MZ세대 마케팅에 최적화된 플랫폼

제페토는 가상 공간에 AR 콘텐츠, 게임, SNS 기능이 모두 포함되어 있어 특히 10대 청소년 층을 중심으로 인기를 끌고 있습니다. 2022년 3월, 전 세계 가입자가 3억 명을 돌파했을 정도로 인기 있는 메타버스 플랫폼으로 성장했습니다. 전체 가입자 중 80%가 10대이며 해외 이용자가 90%를 차지해서 전 세계 MZ세대와의 접점을 넓히기에 유리합니다.

특히 K-pop 엔터테인먼트, 패션 브랜드, 유통 기업의 마케팅 등에 적극적으로 활용되면서 세계에서 가장 많은 브랜드와 협업하는 메타버스 플랫폼으로 성장하고 있습니다. 제페토의 월 매출은 2021년 10월 기준으로 약 25억~33억 원으로 추정되는데, 대부분 브랜드 협업을 통한 광고 수익입니다.

미래 고객을 위한 투자

다만 이용자의 대다수가 아직은 구매력이 낮은 10대이므로, 각 브랜드는 단기 수익성보다는 미래 고객을 확보하고 브랜드 이미지를 높이기 위한 목적으로 제페토 마케팅을 이용하고 있습니다. 가령 명품 브랜드의 경우, 10대들이 실제 제품을 구매하기는 어렵겠지만 가상으로나마 저렴하게 구매할 수 있도록 함으로써 이용자에게 대리 만족을 줄 수 있습니다. 이런 경험을 통해 브랜드를 기억하는 잠재 고객이 많아지면 이는 장기적으로 볼 때 브랜드에게 이익을 가져다줄 것입니다.

02 가상 공간의 또 다른 나, 아바타

제페토의 아바타는 로블록스나 게더타운의 아바타에 비해 3차원 모델링이 유려하고, 사용자가 원하는 대로 만들 수 있다는 장점이 있습니다. 어릴 적 바비 인형에 옷을 입히고 헤어스타일을 꾸몄던 MZ세대 이용자들은 이제 제페토에서 마음에 드는 얼굴, 표정, 패션 스타일을 선택하여 자신만의 아바타를 만듭니다. 이 아바타로 춤을 추고 다양한 챌린지를 진행하고, 사진이나 동영상을 찍어 전 세계 이용자들과 공유하면서 즐거움을 느낍니다.

가상 세계 속에서 이용자들은 현실에서는 불가능했던 브랜드 모델이 되어 자발적으로 브랜드를 홍보하고, 다양한 홍보 콘텐츠를 직접 만들어 확산시킵니다. 이러한 점이 명품 브랜드, 스포츠 브랜드, 화장품 브랜드, 아이돌 등이 제페토와 협업하고자 하는 이유일 겁니다. 편의점, 전자기기, 자동차, 박물관, 관광지 등 다양한 브랜드가 제페토에 입점해 MZ 소비자와 소통하고 있습니다.

02 아바타로 즐기는 브랜드 경험

01 식음료, 유통 업계 – 온·오프라인 연계 마케팅

독자적인 맵 구축한 배스킨라빈스

SPC그룹의 배스킨라빈스는 '배라 팩토리'를 구축했습니다. 대부분의 브랜드가 제페토 월드 한편에 가상 공간을 여는 것과 달리 배스킨라빈스는 단독으로 월드를 운영합니다. 배라 팩토리 안 키오스크에선 실제 온·오프라인 매장에서 사용 가능한 할인쿠폰이나 모바일 교환권을 판매하고, 아바타를 활용해 라이브커머스 방송을 진행합니다. 그 야말로 메타버스를 접목한 새로운 커머스 모델이라고 할 수 있습니다.

└ 배스킨라빈스의 배라 팩토리에서는 실제 매장에서 사용 가능한 할인쿠폰 등을 구매할 수 있다.

업계 최초 제페토 입점한 이디야커피

이디야커피는 국내 커피 업계 최초로 제페토에 가상 매장 '이디야 포시즌 카페점'을 선보였습니다. 오픈 이틀 만에 방문자 수가 100만 명을 돌파했고, 오픈 일주일 만에 누적 방문자 수가 300만 명을 넘어서는 등 상당한 인기를 끌었습니다.

한옥 카페 콘셉트로 꾸민 이디야 포시즌 카페점은 인테리어가 실제 이디야커피 매장과 흡사하며, 가상 메이트 캐릭터 '토피(TOFFY)'가 운영합니다. 매장에서 파는 굿즈도 진열해

59

두었으며, 2층 테라스에는 이디야커피의 인기 디저트이자 겨울을 대표하는 추억의 간식인 호떡 코너를 마련했습니다. 가상 세계에서도 이디야커피를 충분히 즐길 수 있도록 구성되어 있습니다.

미래의 잠재 고객인 MZ세대에게 시공간을 초월한 새로운 경험을 제공하며, 더 나아가 전 세계 제페토 이용자에게 대한민국 대표 토종 커피 브랜드를 알렸다고 평가받습니다.

⌐ 이디야 포시즌 카페점은 한옥 콘셉트의 실제 매장과 유사하게 구성했다.

편의점의 재미 요소를 구현한 CU

2021년 8월, 편의점 CU의 메타버스 1호점인 '한강공원점'이 제페토에 입점했습니다. 9월에는 2호점인 '교실 매점', 10월에는 3호점인 '지하철역점'을 차례로 개설했습니다. 한강공원 월드의 방문자 수는 오픈 한 달 만에 2배 이상 증가했고, 인증 사진 수는 8배나 급증했습니다.

3호점 지하철역점은 무인 편의점 콘셉트로 점포 입구에 안면 인식 기기가 설치돼 있어서 아바타가 접근하면 자동으로 문이 열리

⌐ CU 제페토 한강공원점은 실제 편의점과 비슷하며 사진 촬영을 즐길 수 있다.

며, 출입구 옆에는 CU의 셀프 결제 앱인 'CU 바이셀프'가 적용된 키오스크가 있습니다. 아바타가 퇴점 시 '짤랑' 하는 자동 결제 소리가 적용돼 실제로 무인 점포에 방문한 듯한 느낌이 듭니다. 내부에는 CU의 인기 간편식, 디저트, 음료 등을 진열했고 외부에는 셀카를 찍기 좋은 포토월과 앉을 수 있는 벤치를 별도로 배치하여 가상현실 편의점에서만 경험할 수 있는 재미 요소를 극대화했습니다.

02 뷰티, 패션 업계 – 가상 체험과 홍보 콘텐츠 생성

제페토에서 미리 컬렉션을 공개하는 구찌

명품 브랜드 구찌(Gucci)는 메타버스 대표 플랫폼인 제페토와 로블록스에 모두 입점해 Z세대와의 소통을 선도합니다. 구찌 가방은 현실에서 수백만 원을 호가하지만, 메타버스 안에서는 몇천 원이면 살 수 있습니다. 물론 아바타가 착용하는 의상과 가방이지만 이용자들은 이런 활동을 통해 대리 만족을 느낍니다.

구찌는 본사가 위치한 이탈리아 피렌체를 배경으로 한 가상 매장인 '구찌 빌라'에서 아바타의 가방과 의류 등을 판매했는데, 한정판으로 일정 기간 동안만 구매할 수 있게 했습니다. 이런 마케팅은 이용자가 더욱더 아이템을 사고 싶도록 자극합니다.

└ 명품 브랜드 구찌도 메타버스 공간에서 MZ세대를 대상으로 다양한 홍보 활동을 펼치고 있다.

또한 현실 세계에서 판매할 컬렉션을 제페토에서 일부 선공개하기도 했습니다. 공개 열흘 만에 구찌 아이템을 활용한 2차 콘텐츠가 40만 개 이상 생성됐고, 조회 수가 300만을 돌파했을 정도로 반응이 폭발적이었습니다. 제페토에서 미리 선보인 구찌 의상과 핸드백 등은 현실 세계에서 정식 출시되었거나 출시될 제품과 동일해 MZ세대의 소비 욕구를 자극합니다.

제품 컬렉션의 세계관으로 가상 공간 만든 헤라

아모레퍼시픽의 대표 화장품 브랜드 헤라는 제페토와 손잡고 브랜드 공식 팝업 스토어의 문을 열었습니다. 헤라와 제페토의 파트너십으로 오픈한 팝업 스토어는 헤라의 한정판 '위시로켓 컬렉션'의 가상 세계관으로 구성됐습니다. 제페토 한강공원에 불시착한 희망 행성의 위시로켓 내부는 일러스트 아티스트 방상호 작가의 시선으로 담아낸 서울의 모습과 희망과 관련된 오브제로 가득 채워졌습니다.

위시로켓 컬렉션만의 독특한 아이덴티티를 담은 메이크업존, 포토존, 무중력 서재 공간 등 세 개의 디지털 인터랙티브 공간에서는 제품을 가상으로 얻을 수 있는 다양한 체험이 가능합니다. 이용자들은 헤라의 가상 공간에서 제품을 체험하며 자연스럽게 브랜드의 이미지를 소비하게 됩니다.

제품의 세계관으로 꾸민 헤라 팝업 스토어

03 연예 기획사 - 메타버스 팬 미팅

메타버스로 팬과 소통하는 블랙핑크

국내 연예 기획사에서도 메타버스를 적극 활용하고 있습니다. 세계적인 아이돌 그룹 블랙핑크는 2020년 제페토에서 팬 사인회를 열었습니다. 코로나 팬데믹으로 팬들을 직접 만날 기회가 사라지자 메타버스 공간을 이용한 겁니다. 팬 사인회에서는 블랙핑크 멤버를 꼭 닮은 네 명의 아바타와 내 아바타가 함께 재미있는 포즈를 연출하며 기념 촬영을 할 수 있습니다. 한 달 동안 4600만 명이 넘는 사용자가 다녀갔습니다.

제페토 공간 속 블랙핑크

블랙핑크는 이에 더해 제페토 아바타로 뮤직비디오를 만들어 공개했습니다. 미국의 팝 가수 셀레나 고메즈와 함께 발표한 신곡 'Ice Cream(아이스크림)'의 뮤직비디오에서는 블랙핑크 멤버와 셀레나 고메즈의 아바타가 신나는 리듬에 맞춰 함께 춤추고 노래합니다. 2022년 2월 현재, 1억 2800만 뷰를 기록했습니다.

└ 블랙핑크와 셀레나 고메즈가 발표한 신곡 홍보 포스터

대규모 투자 유치와 전망

제페토를 서비스하는 네이버제트는 BTS 소속사인 빅히트엔터테인먼트(현 하이브)와 블랙핑크 소속사인 YG엔터테인먼트로부터 120억 원 규모의 투자 유치를 받았습니다. 국내 대표 엔터테인먼트사의 투자인 만큼 다른 기업들의 투자와 함께 소속 아티스트의 아바타 활동이 기대되는 이유입니다.

CHAPTER

게더타운
(Gather Town)

01 쉽게 만드는 비대면 오피스

01 사용자 편의와 참여 유도

2020년 5월 서비스를 시작한 '게더타운'은 미국의 스타트업인 게더(Gather)가 만든 메타버스 플랫폼입니다. 로블록스와 제페토가 자유로운 아바타 편집 기능으로 젊은 세대에게 인기라면, 게더타운은 레트로 감성으로 사용자에게 다가갑니다. 그래픽이 2D이고, 심지어 옛날 게임 감성의 도트 그래픽입니다. 게더타운이 2D 도트 그래픽을 사용한 이유는 추구하는 방향성이 다른 메타버스 플랫폼과 다르기 때문입니다.

└ 2D 도트 그래픽을 사용한 게더타운

쉽고 빠르게 만드는 가상 세계

가령 인기 게임인 마인크래프트는 3D이긴 하지만 '도트'가 고스란히 드러나는 그래픽을 사용하는데요, 여기에는 게임 내에서 사용자가 창작물을 쉽게 만들 수 있게 하기 위한 배려가 깔려 있습니다. 일반인이 전문가처럼 고해상도 그래픽 작업으로 창작물을 만들기는 쉽지 않지만, 마인크래프트에서는 쉽습니다. 이러한 장점 덕분에 마인크래프트는 더 많은 사용자 참여를 유도할 수 있었습니다.

게더타운도 비슷한 이유에서 저사양 그래픽을 기반으로 만들어졌습니다. 다른 메타버스 플랫폼과 달리 비전문가도 비교적 손쉽게 나만의 가상 세계를 만들 수 있습니다. 시청이나 박물관 같은 실제 건물을 게더타운 세상에 비슷하게 구현하고, 이곳에서 회의를 하거나 강연을 하는 사례를 많이 찾아볼 수 있죠.

2D 그래픽을 이용한 또 다른 이유는 속도입니다. 3D 그래픽을 구현하려면 컴퓨터 리소스를 많이 써야 합니다. 고사양 게임을 할 때 종종 버벅거림을 경험하는 이유는, 컴퓨터가 그래픽 사양을 따라가지 못하기 때문입니다. 메타버스는 대부분 고사양 PC가 아니라 스마트폰으로 접속하기에 종종 이런 현상이 나타납니다. 게더타운은 그래픽 사양을 최소화하여 원활한 속도를 확보했습니다. 이 같은 장점 덕분에 게더타운은 별도의 설치 없이 그냥 웹 사이트에 접속하는 것만으로 서비스를 이용할 수 있습니다. 컴퓨터, 태블릿, 스마트폰 등 기기의 종류에 상관없이 크롬 또는 사파리 브라우저만 설치되어 있으면 됩니다.

02 팬데믹 맞춤 메타버스 오피스

사무실을 그대로 옮겨온 듯한 디자인

코로나 팬데믹 상황이 되면서 줌(zoom)과 같은 화상회의 서비스를 많이 이용하게 됐습니다. 줌은 곧바로 다른 사람과 연결되지만, 게더타운은 메타버스 공간에서 내 아바타를 조종하여 다른 사람과 만납니다. 메타버스 공간을 실제 사무실과 비슷한 구조와 배치로 만들면 위화감이 적고 재미를 줄 수 있습니다.

사소한 차이라고 생각할 수 있지만, 실제 사무실로 출근하지 못하고 각자 다른 장소에서 따로 일해야 하는 상황에서 이 같은 작은 장치가 업무의 연속성과 소속감을 만드는 데 큰 도움을 줍니다.

활용의 피로도를 해결한 화상회의

화상채팅의 피로도 줄어듭니다. 줌 같은 화상회의 서비스는 연결되어 있는 동안 모두에게 내 모습과 목소리가 전해집니다. 물론 카메라와 마이크 온·오프 기능으로 필요할 때만 켤 수 있지만, 이런 조작이 피로감을 유발하는 게 사실입니다. 게더타운에서는 카메라와 마이크가 켜져 있어도 다른 사람에게 바로 노출되지 않습니다. 만약 누군가에게 얘기하고 싶다면 내 아바타를 조작해 상대에게 가까이 가야 합니다. 가까이 가는 순간 자동으로 마이크와 카메라가 켜지면서 화상채팅이 가능한 상태로 바뀝니다. 실제 업무 상황과 비슷한 의사소통 환경이 만들어지는 셈입니다.

물론 회의에 참석한 모두에게 말하는 기능도 있습니다. '단상'에 올라가면 모두에게 내 화면과 목소리가 전달되도록 설정할 수 있습니다. 채팅 창에서도 모두에게 전달할지, 가까운 사람에게만 전달할지, 특정인에게만 전달할지를 선택할 수 있습니다. 이 모든 기능은 실제 업무 환경과 최대한 비슷하게 구현하려는 노력의 결과물입니다.

03 내 맘대로 꾸미는 게더타운

자유로운 커스터마이징 기능 제공

게더타운은 몇 번의 클릭만으로 공간을 마음대로 꾸밀 수 있는 '맵 메이커'를 제공합니다. 앞서 말했듯 높지 않은 그래픽 사양은 사용자가 직접 공간을 꾸밀 때 장점이 됩니다. 처음 맵 메이커를 클릭하면 사용 목적을 묻습니다. 재택근무, 사무실, 행사 등 원하는 용도를 선택하면 가장 적절한 제안을 합니다.

다음 단계에서는 게더타운에서 제공하는 템플릿을 사용하거나, 직접 템플릿을 디자인해서 공간을 꾸밀 수 있습니다. 기본 제공하는 공간을 써도 되지만, 실제 건물과 비슷하게 꾸미면 사용자들이 친숙하게 장소를 즐길 수 있습니다. 이때 공간의 각 장소를 구분하여 서로 다르게 설정할 수 있습니다. 예를 들어 회의실에서는 거리에 상관없이 모두와 의사소통이 가능하고, 사무실에서는 가까운 상대와만 의사소통이 가능하도록 할 수 있습니다.

공간을 꾸밀 때 쓸 수 있는 다양한 오브젝트도 있습니다. 화이트보드, 테트리스 게임, 식물 키우기 등 재미있는 오브젝트가 계속 업데이트되고 있어 이를 사용하는 재미가 쏠쏠합니다. '타일 효과'(Tile Effects)는 해당 장소의 기능을 정의합니다. 총 5가지가 있는데 지나갈 수 없게 하거나, 처음 입장하면 시작하는 지점을 지정하거나, 다른 곳으로 이동하게 하거나, 특정 위치 사람끼리만 소통하게 하거나, 모든 사람에게 화면과 마이크가 노출되게 하는 등의 효과를 줄 수 있습니다.

이런 커스터마이징을 통해 게더타운에서 다양한 장소를 무한대로 꾸밀 수 있습니다. 기업, 관공서, 박물관 등에서 비대면 행사를 개최할 때 게더타운을 가장 많이 이용합니다. 사용법이 쉽고 장소를 원하는 대로 커스터마이징할 수 있기 때문입니다.

02 | 게더타운에서 재미있게 일하기

01 업무와 재미 모두 잡은 기업 교육

상호작용에 최적화된 사내 교육

SSG닷컴은 비대면 시대를 맞아 임직원을 위한 가상현실 연수원을 만들고 미래형 교육 환경을 조성했습니다. SSG닷컴은 게더타운에 가상 연수원 '쓱타운(SSG Town)'을 열고 2022년 상반기 신입 사원 입문 교육을 진행했는데요, 온라인 게임처럼 직접 아바타를 만들어 일정한 공간을 돌아다닐 수 있는 게더타운의 특징을 활용했습니다.

가상의 회의실에 입장해 주변에 있는 캐릭터와 대화를 나눌 수도 있고, 강의실 단상에 올라가 강연을 하거나 함께 게임 활동을 하는 것도 가능하기 때문에 시각적으로 특정 공간에 모여 있다는 느낌을 줍니다. 이러한 특징 덕분에 오프라인 공간을 대체하여 다양한 교육을 실시하고 행사를 개최하는 데 효과적입니다. 가장 넓은 공간인 강당에는 총 100명까지 입장할 수 있으며 무대와 연단이 마련돼 있어 교육과 세미나는 물론 사내 행사에도 이용할 수 있습니다. 교육 공간인 러닝룸은 구성원들이 소통하며 효과적으로 학습할 수 있게끔 책상과 의자를 8인 1조 형태로 배치해 신입 사원 교육과 워크숍에 최적화하였습니다.

▶ SSG닷컴의 메타버스 기반 가상 연수원 '쓱타운'

재미를 위한 요소 도입

재미와 교육 효과를 동시에 잡을 수 있도록 게임룸에는 OX 퀴즈, 레이싱, 포토존 등 게이미 피케이션(Gamification)을 접목했습니다. 사회적 거리 두기 강화로 사내 교육이나 행사가 비대면으로 전환되는 점을 감안하여 테라스룸을 루프탑 카페 느낌으로 꾸며서 비대면 상황 에서도 충분히 기업 교육 및 동료와의 친밀한 커뮤니케이션이 가능하도록 하였습니다.

02 고객과 만나는 창구부터 의료 서비스까지

보험사들은 메타버스를 MZ세대 고객과의 접점 확대나 고객의 건강관리 증진 수단으로 활용합니다. 해외 사례를 참고하여 위험 요인 가상 체험이나 원격의료 등으로도 활 용 범위를 확대하고 있습니다.

보험사의 서비스는 코로나 사태로 보장분 석 결과를 대면으로 전달하지 못하는 물리 적 제약을 보완하고, MZ세대 고객군과 소 통하기 위한 것입니다. 고객들은 게더타 운에서 친밀한 서비스를 받아볼 수 있으 며, 보험사는 메타버스에서 다양한 이벤트 를 제공하여 보험업 특유의 딱딱한 이미지 에서 탈피할 수 있습니다. 잠재 고객군인

└ DB손해보험의 라이브 상담서비스 '프로미타운'

2030세대가 비대면에 익숙하기 때문에 고객 확보 가능성이 높아질 것이라 예상됩니다. DB손해보험은 게더타운에 상담 공간을 만들고, 절차를 거쳐 입장한 소비자들에게 보장분 석 라이브 상담 서비스를 제공합니다. 카메라와 마이크, 스피커만 있으면 상담을 받을 수 있어 보험 업계에서 메타버스를 비즈니스로 연결한 좋은 시도로 평가받고 있습니다. 삼성 화재는 걷기나 달리기 등 운동을 하면 목표 달성에 따라 애니포인트로 보상을 받아 보험료 를 결제하거나 상품을 구매할 수 있는 삼성화재 애니핏 서비스를 제공합니다.

코스페이시스 (CoSpaces)

01 유니티보다 쉬운 최적의 교육 플랫폼

쉽고 직관적인 프로그램

코스페이시스는 정확히 말하자면 메타버스 플랫폼은 아니지만 메타버스 세상에서 크리에이터가 되고 싶다면 반드시 알아야 하는 서비스입니다. 일반적으로 가상현실(VR), 증강현실(AR) 콘텐츠를 제작할 때 '유니티'라는 프로그램을 주로 사용합니다. 오브젝트를 만들고 속성을 부여하는 등 막강한 기능을 제공합니다. 가령 공을 만들고 '중력' 속성을 부여하면 중력의 원리에 따라 땅에 떨어지고, '탄성'을 부여하면 땅에 부딪쳤을 때 통통 튑니다. 이 때문에 3D 게임을 개발하거나 VR, AR 콘텐츠를 만들 때 필수적입니다.

하지만 유니티는 초보자가 사용하기 어렵다는 단점이 있습니다. 그래서 교육 현장에서는 이를 대체할 수단으로 '코스페이시스'를 많이 사용합니다. 유니티와 비슷한 기능을 제공하면서도 UI가 매우 직관적이어서 초보자도 쉽게 사용할 수 있습니다. 교육용으로 최적의 도구인 셈입니다.

별도의 프로그램을 설치할 필요도 없습니다. 웹 브라우저에서 홈페이지에 접속하기만 하면 즉시 이용 가능합니다. 심지어 태블릿이나 스마트폰에서도 사용할 수 있는데, 내가 만든 작품을 스마트폰에서 연 다음 VR 헤드셋에 스마트폰을 끼우면 내가 만든 가상 세계를 손쉽게 체험할 수 있습니다.

초보자도 할 수 있는 블록 + 텍스트 코딩

코딩을 통해 각 오브젝트가 상호작용하는 프로그램으로 만드는 것도 가능합니다. 교육용 프로그래밍 언어인 스크래치나 엔트리와 유사한 블록 코딩 방식으로 형태(애니메이션 효과), 동작(이동), 이벤트, 제어(반복, 장면 이동) 등 다양한 코딩으로 실감 나는 오브젝트를 만들 수 있습니다. 스크래치나 엔트리가 2D 그래픽이라면 코스페이시스는 3D 그래픽에 가상현실 기능까지 제공하니 훨씬 완성도 높은 콘텐츠를 만들 수 있습니다. '코블록스'라고 하는 블록 코딩은 오브젝트 더블클릭만으로 코블록스에서의 사용을 활성화하여 코딩이 가능합니다. 코스페이시스 코딩은 블록과 텍스트 코딩이 모두 가능하다는 장점이 있어 코딩 초보자와 전문가 모두 해당 플랫폼을 활용하여 콘텐츠를 제작할 수 있습니다.

02 다양한 가상현실 콘텐츠 제작

입체 공간 제작

코스페이시스에서는 다양한 장면 및 3D 환경, 360도 이미지, 멀지 큐브 등 원하는 것을 선택할 수 있습니다. 3D 환경과 배경을 선택하고 3D 오브젝트를 배치하여 가상현실 콘텐츠를 제작하고 3D 오브젝트에 애니메이션 기능을 적용하여 자세나 동작을 지정함으로써 실제 환경과 유사한 공간 구축도 가능합니다. 스마트폰에 코스페이시스 앱을 설치하면 이렇게 구축된 공간들을 체험할 수 있습니다. 또한 스마트폰과 HMD를 활용하여 VR로 보거나 공간을 인식하여 AR로 투영한 체험이 가능하고, 자이로센서를 켜면 핸드폰의 기울기에 따라 화면이 움직여서 콘텐츠를 더욱 다양하고 입체감 있게 즐길 수도 있습니다.

멀지 큐브(Merge Cube) AR

증강현실(AR)을 실행하기 위해서는 기기가 인식할 수 있는 디지털 표식인 마커가 필요합니다. 정육면체에 마커가 프린트된 멀지 큐브를 이용하면 입체적이고 실감 나는 콘텐츠를 제작하고 체험할 수 있습니다. 정육면체 각 표면에 증강현실을 구현하려면 코스페이시스 장면 선택 옵션에서 '멀지 큐브'를 선택하여 작업하면 됩니다. 정육면체의 각 면에 오브젝트를 배치하고 멀지 큐브를 돌리면 해당 오브젝트들이 회전하는 듯 보입니다. 멀지 큐브 전용으로 만들어진 콘텐츠는 핸드폰에서 멀지 큐브로 감상할 수 있습니다.

02 온라인으로 즐기는 투어와 전시

01 장소 및 공간 콘텐츠

인터넷상에 업로드되어 있는 다양한 360도 사진 콘텐츠를 활용하여 세계의 명소들을 여행하는 콘텐츠를 제작합니다. 또한 내레이션이나 음악, 다양한 아이콘을 활용하면 가이드 투어를 하는 듯한 콘텐츠를 제작할 수 있습니다. 코스페이시스 홈페이지에서 tour로 검색해보면 360도 이미지를 활용한 다양한 투어 콘텐츠가 나옵니다. 프랑스, 중국, 베트남 등 다양한 나라는 물론이고 집 안, 병원 등을 투어할 수도 있습니다.

└ 뉴욕시티투어(New York city tour)

02 가상 전시 콘텐츠

가상의 전시 공간을 구성하고 코스페이시스에 있는 다양한 오브젝트를 활용하여 동물, 역사, 그림 등과 관련된 가상 전시관을 만들 수 있습니다. 가상의 전시관을 구경하고 전시된물품이나 콘텐츠들에 대한 설명을 들으며 다양한 교육 효과를 기대할 수 있습니다.

└ 미국 대통령 박물관(US Presidents Museum)

└ VR & AR 박물관(VR & AR Museum)

공간과 오브젝트를 활용하여 이야기를 구성하고 만화책을 그리듯 콘텐츠를 만드는 일도 가능합니다. 오브젝트에 코딩으로 다양한 애니메이션 효과를 적용하면 마치 한 편의 애니메이션을 보듯 재미있는 이야기를 풀어낼 수 있습니다.

└ 사자와 쥐 우화(The Lion and the Mouse fable)

└ 골디락스 및 세 마리의 곰(Goldilocks and the Three Bears)

Ch. 3 코스페이시스

75

CHAPTER

로블록스 (ROBLOX)

01 지금 가장 주목받는 게임 세상

01 어린이들이 가장 선호하는 메타버스 플랫폼

미국의 어린이와 청소년을 대상으로 상당한 인기를 자랑하는 '로블록스'는 메타버스를 기반으로 한 게임 플랫폼입니다. 코로나 팬데믹 이후 사용자가 폭발적으로 증가했는데요. 로블록스 홈페이지에 따르면 2021년 3분기 기준, 전 세계적으로 일일 접속자가 4730만 명에 달할 정도로 인기가 높으며, 이용자당 평균 이용 시간도 약 156분(2.6시간)으로 매우 긴 편에 속합니다.

└ 메타버스 기반 게임 플랫폼 로블록스

02 게임을 즐기고 만드는 만능 플랫폼

로블록스 플랫폼은 클라이언트, 스튜디오, 클라우드로 구성됩니다. 이들이 유기적으로 결합해 완성도를 높이고 있기에 글로벌 가상 세계 플랫폼의 대표로 자리매김했습니다.

클라이언트는 사용자가 3D 디지털 세상을 탐험하기 위한 애플리케이션을 의미하며, 플랫폼 내에 존재하는 개별 게임뿐 아니라 소셜 활동을 위한 다양한 기능을 제공합니다. 스튜디오는 일종의 플랫폼 전용 게임 제작 도구로 프로그램에 대한 지식이 없어도 쉽게 활용할 수 있습니다. 주로 가상 세계 생성, 아바타 및 아이템 제작, 제작자를 위한 도구 및 3D 모델을 만드는 기능을 수행합니다.

클라이언트 및 스튜디오는 클라우드와 연결돼 있으며, 개별 스튜디오에서 만든 게임들은 로블록스 클라우드를 통해 윈도우, 맥OS, iOS, 안드로이드, 엑스박스 등 모든 플랫폼에 동시에 발매됩니다. 클라우드 덕분에 게임 플레이어는 플랫폼의 제한 없이 게임 콘텐츠를 즐길 수 있습니다.

03 내가 만든 게임으로 수익 창출

게임계의 유튜브

개발자는 자신의 가상 경험을 게임으로 제작해 로블록스 플랫폼을 통해 사용자에게 제공하고 수익을 올릴 수 있습니다. 2021년을 기준으로 약 1050만 명에 달하는 개발자가 2700만 개의 콘텐츠를 제작해 올렸습니다. 일종의 '게임 버전의 유튜브'라고 말할 수 있으며, 일반 기성 게임과 비교할 때 아직 개별 게임 콘텐츠 수명이 긴 편은 아니지만 점점 길어지고 있습니다. 다양한 장르의 게임이 지속해서 업로드되기에 콘텐츠 부족을 걱정할 필요가 없습니다.

이렇게 플랫폼 내에서 개발자가 만든 게임은 사용자가 더 많은 시간을 로블록스에서 지내게 하는 동력이 됩니다. 또 게임의 인기가 높을수록 개발자에게 더 많은 수익이 돌아가는 선순환 구조라서 콘텐츠의 질적 수준이 계속 높아집니다. 개발자들은 사용자인터페이스

(UI) 디자인, 캐릭터 디자인, 배경 등을 만들 때 전문성을 가진 다른 사용자와 협업하는 등 콘텐츠 고도화에 적극적으로 힘쓰고 있습니다.

트렌드를 빠르게 반영하는 플랫폼

로블록스 플랫폼에서는 넷플릭스에서 뜨거운 인기를 얻었던 드라마 〈오징어 게임〉 속 '무궁화 꽃이 피었습니다'와 같은 다양한 게임을 할 수 있습니다. 이런 게임들은 로블록스 개발사에서 만든 것이 아니라 사용자가 직접 만든 것으로, 사용자를 끌어들여 콘텐츠를 직접 만들게 하여 외부 트렌드 변화를 빠르게 따라간다는 것이 로블록스의 강점입니다. 많은 사람이 검색 플랫폼으로 유튜브를 활용하는 것은 최신 정보를 담은 영상이 그만큼 빠르게 공유되기 때문인데, 로블록스 또한 유튜브처럼 사용자 주도의 활동을 유도하여 메타버스 플랫폼 중 트렌드 반영이 가장 빠른 곳으로 평가받고 있습니다.

└ 드라마 〈오징어 게임〉 속 '무궁화꽃이 피었습니다' 놀이를 로블록스 게임으로 구현했다.

02 > 게임으로 돈 벌고 마케팅하기

01 게임으로 돈 버는 P2E(Play to Earn)

로블록스는 최근 게임 업계가 주목하는 P2E(Play to Earn) 게임의 대표 주자이기도 합니다. 로블록스 안에서 게임이나 콘텐츠를 만들어 파는 등 다양한 활동을 통해 로블록스의 가상 화폐인 '로벅스(Robux)'를 얻으면, 이 로벅스를 '개발사 환전(DevEx)' 프로그램을 사용해 현금으로 환전할 수 있습니다. 가상 세계에서 번 돈을 현실 세계로 가져오는 셈입니다.

우리나라에서는 규제로 아직 이용할 수 없지만, 해외에서는 상당한 수익을 거두는 사용자도 등장하고 있습니다. 미국 매체인 CNBC에 따르면 상위 1200명의 개발자가 로블록스에서 거두는 평균 수입은 1만 달러(약 1300만 원)입니다. 또한 최상위 300명은 무려 10만 달러(약 1억 3000만 원)를 벌어들였다고 합니다.

P2E는 게임 업계에서 블루오션으로 주목하고 있는 영역입니다. 게임 개발사가 모든 콘텐츠를 제작해서 업데이트하는 구조보다 사용자 자생적으로 콘텐츠 개발, 유통, 소비가 이루어지는 구조가 수익성이나 게임 수명 연장에 더 유리하다고 판단한 겁니다. 여기에 NFT(Non-Fungible Token, 대체불가토큰) 개념이 등장합니다.

02 가상 세계 속 저작권 NFT

NFT는 복제가 쉬운 디지털 세상에서 원본 콘텐츠의 가치를 보증해 주는 일종의 '등기부등본'과 같은 소유 증명 문서입니다. 블록체인 기술을 사용하기에 진품과 가품을 쉽게 구분할 수 있습니다. 예를 들어 메타버스에서 쓸 수 있는 나이키 한정품을 500개만 만들겠다고 하면, 500개에는 블록체인 기술로 암호화된 넘버링이 부여되어 원본의 가치를 인정받지만 복제품에는 부여되지 않습니다. 로블록스에는 아직 NFT가 사용되지 않았지만, 앞으로 메타버스 세계에서 NFT 기술이 빈번하게 사용될 것으로 보입니다.

 03 **기업과의 마케팅 협업**

로블록스는 수익을 창출하기 위해 다양한 브랜드와 협업해 몰입형 광고, 개발자 구독, 실제 커머스 연동 등을 진행합니다. 사용자는 로블록스를 탐험하면서 자연스럽게 이들 브랜드를 접하고 체험하게 됩니다. 이런 점에서 소셜 미디어의 디지털 광고와 유사합니다.

조깅 콘셉트를 가상 세계로 가져온 나이키

나이키는 로블록스 내에 가상 공간인 나이키랜드를 구축했습니다. 나이키랜드는 쇼룸과 로비, 이용자 마당으로 구성되어 있으며 각자의 마당에서는 이용자들이 스스로 미니 게임을 만들 수 있습니다. 피구, 용암 피하기, 술래잡기 등 3가지 게임을 선택할 수 있고, 로비에서 마당 꾸미기 재료도 구매할 수 있습니다. 이용자가 직접 게임을 만드는 로블록스의 특징이 그대로 적용된 것인데, 다른 이용자와 함께 플레이도 가능하며 커뮤니티 기능까지 수행합니다. 나이키 쇼룸은 가상의 제품을 구매하거나 무료로 받을 수 있는 곳으로, 실제

└ 로블록스 나이키랜드 속 나이키 쇼룸. 나이키는 조깅 콘셉트를 충실하게 재현했다.

나이키 제품과 비슷한 스포츠 의류와 운동화를 볼 수 있습니다.

나이키랜드의 체험은 허들 게임 등 걷고 달리는 체험이 주를 이룹니다. 나이키 초창기였던 1960년대 창립자 빌 보워먼(Bill Bowerman)이 미국에 '조깅' 프로그램을 소개하면서 전국적인 조깅 열풍이 일어났고, 이는 나이키가 미국 시장에 자리를 잡는 계기가 됐습니다. 나이키에게 중요한 콘셉트를 가상 세계에 그대로 가져온 것입니다.

스케이트보드 타고 탐험하는 반스월드

반스는 2021년 9월 스포츠웨어 브랜드 중 가장 먼저 로블록스에 반스월드라는 브랜드 공간을 마련했습니다. 보드화로 이름을 알린 브랜드의 역사를 반영하여 '스케이트보드 타기' 체험에 최적화된 맵을 구성했습니다.

아바타는 스케이트보드를 타고 반스월드 구석구석을 탐험합니다. 바닷가와 공원, 실내 건물 등 맵 곳곳에 스케이트보드를 즐기기 위한 여러 장치가 마련되어 있고, 이용 시간이 길어질수록 아바타의 스케이트보드 능력치가 향상되어 자연스럽게 이용자의 체류 시간을 늘릴 수 있도록 구성돼 있습니다.

맵 가운데에 있는 반스 매장에서 로블록스 가상 화폐인 '로벅스'를 지불하고 운동화와 보드를 구매할 수 있습니다. 기성품 외에도 이용자 취향에 맞춰 보드와 운동화를 커스텀 제작할 수 있어 반스를 좋아하는 이용자에게 제품을 구매하고 꾸미는 흥미로운 경험을 제공합니다.

└ 로블록스 속 반스월드는 스케이트보드 타기 체험에 최적화한 맵으로 구성되었다.

자동차 소유 경험을 제공하는 현대자동차

현대자동차는 모빌리티를 체험할 수 있는 가상 공간인 현대 모빌리티 어드벤처를 구현했습니다. 현대 모빌리티 어드벤처는 자동차와 관련된 놀거리가 모여 있는 페스티벌 광장, 자연과 어우러져 차박(차에서 숙박하는 행위)이 가능한 에코 포레스트, 현대차가 그리는 미래 모습을 구현한 퓨처 모빌리티 시티, 스릴 넘치는 레이싱과 미니 게임을 즐길 수 있는 레이싱 파크, 현재 개발 중인 로보택시를 만날 수 있는 스마트 테크 캠퍼스 맵으로 구성되어 있습니다.

현대 모빌리티 어드벤처는 사용자가 온전히 차를 소유하는 듯한 느낌을 제공합니다. 수영, 세차 페스티벌, 시승 등의 체험이 가능하고 개별 차고도 가질 수 있습니다. 또한 불 끄기, 사람 구조하기 같은 미니 게임을 중간에 배치해 운전뿐만 아니라 다른 재미 요소까지 놓치지 않도록 구성했습니다. 미니 게임이 끝날 때마다 현대 모빌리티 어드벤처의 화폐인 'H-코인'이 보상으로 주어지기 때문에 이용자들은 게임 요소들을 즐기면서 오랜 시간 어드벤처에 체류하게 됩니다.

└ 로블록스 현대 모빌리티 어드벤처. 내 차를 소유하는 경험을 전달하도록 구성돼 있다.

CHAPTER

이프랜드(ifland)

01 > 메타버스에서 모임 만들기

01 쉬운 UI와 아름다운 3D 아바타

이프랜드는 SK텔레콤이 운영하는 메타버스 플랫폼입니다. 내 아바타를 마음대로 꾸미고, 메타버스 방을 개설하고, 서로 소통하는 과정은 여타 메타버스 플랫폼과 유사합니다. 이프랜드가 가장 강조하는 장점은 쉬운 UI입니다. 앱을 설치하고 실행하면 내 이용 패턴을 분석해 메타버스 룸을 추천해 줍니다. 마치 유튜브가 내 취향을 파악해 내가 좋아할 만한 동영상을 추천해 주는 것과 비슷합니다.

아름답고 멋진 3D 형태의 아바타도 장점입니다. 모바일 기반임에도 수준 높은 캐릭터 모델을 만날 수 있습니다. 성별, 헤어스타일, 키, 체형을 설정할 수 있고 800여 종의 의상 코스튬으로 나만의 아바타를 쉽게 만들 수 있습니다. SNS와 유사하게 내 프로필을 남기고 비슷한 관심사를 가진 다른 사용자를 팔로우하고, 반대로 다른 사람이 나를 팔로우할 수 있습니다.

룸 개설도 다른 메타버스 플랫폼에 비해 매우 편리합니다. 대형 콘퍼런스홀, 야외무대, 루프탑, 학교 운동장 등 18종의 테마 공간 중에서 선택하여 단시간에 룸을 만들 수 있습니다. 날씨, 시간, 바닥, 벽지 등을 선택할 수 있기 때문에 똑같은 룸이 아니라 나만의 특성을 부여한 공간이 됩니다.

02 모임에 특화된 메타버스 플랫폼

이프랜드는 비대면 사회로의 전환기에서 행사와 모임 기능을 강화하여 다양한 행사를 개최하는 메타버스 플랫폼으로 포트폴리오를 쌓았습니다. 제야의 종과 새해 첫 해돋이는 물론

콘서트, 전시회, 대학 축제, 불꽃놀이 등 다양한 행사를 흡수하며 비대면 행사의 새로운 지평을 열어가고 있습니다.

플랫폼 내에서 원활한 모임 운영을 위해 쾌적한 음성 기반의 실시간 소통 기능을 강화했고, 동영상 및 PDF 파일 등 다양한 자료를 공유할 수 있도록 대형 스크린을 적용한 것이 이프랜드의 장점입니다. 최대 131명이 무료로 동시에 모임에 참여할 수 있어 규모가 큰 모임도 가능합니다. 또한 유료 서비스에 가입하면 룸 내의 뒷벽이나 배너 등을 커스터마이징 할 수 있으며, 아바타의 의상이나 액세서리 등에 특화된 브랜딩도 가능합니다. 이뿐 아니라 무료로 사용 가능한 인원 제한을 보완하기 위해 방을 추가하는 형식의 인원 추가도 가능합니다.

이프랜드는 모임, 행사 등을 효율적으로 운영할 수 있는 각종 기능을 지원하여 대형 콘퍼런스, 행사, 대학 입학식 및 졸업식, 홍보 전시회 등에 이미 다양하게 활용되고 있습니다.

03 후발 주자지만 잠재력 높은 이프랜드

SK텔레콤이 가상현실, 증강현실 기술에 뛰어든 것은 2013년 '버추얼 소셜 월드'부터입니다. 점프 VR이라는 가상 공간에 120명이 동시에 접속할 수 있는 '버추얼 밋업'을 서비스하는 등 이미 이 분야의 기반 기술을 갖추고 있었습니다. 다만 2018년 서비스를 시작한 국내 서비스 제페토에 비해 이프랜드는 3년이나 늦게 출발하는 바람에 누적 다운로드, 사용자 수 등에서 아직 많이 뒤처져 있습니다. 그러나 이프랜드는 메타버스의 핵심 콘텐츠라고 할 수 있는 VR, AR 체험에서 잠재력이 풍부하므로 앞으로의 행보가 더욱 주목됩니다.

이프랜드와 오큘러스의 만남

현재 가장 뛰어난 VR 기기는 메타(구 페이스북)의 '오큘러스'라고 할 수 있습니다. 대부분의 VR 기기가 PC나 스마트폰과 연결해야 하는 반면 오큘러스는 헤드셋만으로 모든 콘텐츠를 구동할 수 있습니다.

이프랜드는 안드로이드, iOS 버전에 이어 오큘러스 버전을 출시할 계획이라고 발표한 바 있습니다. 다른 메타버스 플랫폼이 3인칭 시점으로 구성돼 있다면, 오큘러스를 기반으로 한 메타버스는 1인칭 시점으로 마치 실제로 가상 세계에 와 있는 듯한 몰입감을 선사할 것으로 기대됩니다. 2020년 9월 출시된 오큘러스 퀘스트 2는 전 세계 누적 판매량 1000만 대를 넘어선 것으로 추정되며, SK텔레콤이 오큘러스의 국내 판매 권한을 갖고 있습니다.

생태계의 무한한 확장 가능성

이프랜드가 향후 안드로이드 및 iOS에 이어 오큘러스 퀘스트 버전을 출시하면 모바일을 넘어 가상현실(VR) 디바이스까지 생태계가 확장됩니다. 플랫폼 내에서 다양한 아이템을 사고팔 수 있는 마켓 시스템도 구축하여 이용자 누구나 자신만의 의상과 아이템을 직접 디자인하고 제작하며 이용자 간 거래도 가능해질 것입니다. 메타버스 시장이 점점 커지며 기능과 활용 방법이 날로 발전하고 있는 만큼, 향후 메타버스 세상에서는 지금보다 더 다양한 경험을 할 수 있을 것으로 기대됩니다.

최근 SK텔레콤의 행보를 보면 메타버스에 집중하겠다는 의지가 엿보입니다. 암호화폐거래소 '코빗', 디지털 휴먼 제작사인 '온마인드'에 투자하기로 발표하면서 "SK 메타버스 생태계 강화 차원"이라고 설명했습니다. 가상 재화의 거래, 가상 인간 등은 메타버스 서비스를 풍요롭게 하는 기반 기술입니다. 메타버스 플랫폼 후발 주자이지만, 향후 행보가 주목되는 이유입니다.

02 > 행사 개최에 활용하는 이프랜드

01 메타버스 속 대학 캠퍼스

이프랜드 메타버스 캠퍼스는 오프라인의 대학 캠퍼스를 메타버스 공간에 그대로 구현한 것으로 각 대학의 로고, 대표 건물, 상징물 등을 생생하게 재현하였습니다. 고려대와 순천향대 이프랜드 메타버스 캠퍼스를 시범적으로 구현했는데, 고려대의 메타버스 캠퍼스에는 학교 정문, 중앙광장, 본관, 호상(호랑이 동상), SK미래관, 대강당 등이 제작됐고, 순천향대의 메타버스 캠퍼스는 벚꽃 가로수길, 향설동문, 교육과학관, 피닉스광장 등이 실제의 캠퍼스와 유사하게 구성되었습니다.

이프랜드 메타버스 캠퍼스는 기존 이프랜드의 다른 랜드(공간) 대비 규모가 약 5배 넓으며 365일 24시간 운영되는 상설 공간으로, 실제의 캠퍼스와 동일하게 운영되도록 구성했다는 점이 특징입니다.

아바타로 즐기는 응원 오리엔테이션

고려대학교는 2021년 7월, 학생들이 안전하게 행사를 즐길 수 있도록 메타버스 공간에서 아바타로 만나 함께 응원을 즐기는 색다른 응원 오리엔테이션을 마련했습니다. 메타버스 응원 OT를 지원하기 위해 고려대 응원단 고유의 응원 안무를 모션 캡처 방식으로 촬영하여 이프랜드 아바타 모션에 적용해 실제와 유사한 응원 동작을 구현했으며, 응원 OT 참여자는 누구든지 감정 표현 이모티콘으로 응원단장의 크고 화려한 응원 동작 10가지를 직접 따라 할 수 있습니다. 고려대 응원단장복과 과잠(학과 점퍼) 등으로 아바타를 꾸밀 수도 있도록 하였습니다.

또한 메타버스 응원 OT에 맞춰 라이브 스트리밍(실시간 중계), 문자 채팅 기능을 업데이트하여, 대형 모니터에 사전 녹화 영상이 아닌 라이브 스트리밍 영상이 송출되고 아바타로 참여한 재학생들은 문자 채팅으로 실시간 소통에 나서는 등 더욱 생동감 넘치는 행사가 되었습니다. 고려대 응원단장은 "학우들이 비대면 상황에서도 메타버스로 생동감 있는 응원을 펼칠 수 있도록 노력했다"며, "학우들의 단결력 향상과 함께 세계 속에서도 주목받는 고려대 특유의 응원 문화 발전에 큰 역할을 할 수 있을 것으로 기대한다"고 전했습니다.

└ 고려대학교의 메타버스 응원 오리엔테이션

현실과 메타가 만나는 입학식

순천향대는 메타버스 캠퍼스를 통해 전체 신입생 약 2500명을 대상으로 '메타 우주와 현실 우주의 만남(The Next Level)'이란 주제로 대면 입학식보다 더욱 의미 있는 행사를 개최했습니다. 메타버스 캠퍼스를 통해 '현실'과 '메타'의 만남이 이루어지는 Next Level에 중점을 두었고, 안정적인 기술력을 바탕으로 신입생들이 가정에서 편안하게 재미와 감동이 있는 메타버스 입학식을 즐겼습니다. 본격적인 학기가 시작되면 메타버스 캠퍼스에 강의실 공간을 추가로 업데이트해 메타버스 캠퍼스에서 다양한 강의가 진행될 예정입니다.

메타버스에서 열리는 시사회

콘텐츠 유통사들도 메타버스 플랫폼에서 시사회를 진행합니다. 티빙 오리지널 드라마 〈어른 연습생〉은 이프랜드에서 드라마 상영회를 개최하여 예비 시청자들이 가상 공간에 마련된 공연장에서 영상을 보고 작품에 대해 이야기를 나누었습니다. 개봉 예정인 영화 〈리슨〉도 이프랜드에서 오픈 토크로 예비 관객들을 만났습니다. 캠핑장을 떠올리게 만드는 맵에서 참가자들은 꿈, 고민에 대해 이야기하며 영화가 강조하는 소통의 중요성을 되새길 수 있었습니다.

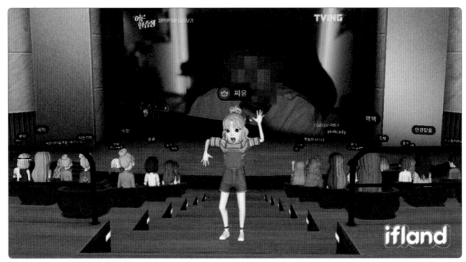

└ 이프랜드에서 열린 드라마 〈어른 연습생〉의 시사회 예시 화면

비대면 행사로 다지는 친분

코로나 시대에 이프랜드에서 열리는 비대면 행사들은 언제 어디서나 즐길 수 있다는 점에서 시선을 모았으며, 무료로 131명이 동시에 접속할 수 있다는 것도 큰 장점입니다. 물론 작은 모니터와 이어폰만으로 오프라인의 현장감과 열기를 온전히 살릴 수는 없지만, 공통의 관심사와 콘텐츠를 통해 비대면 시대에 외로움을 느끼는 사람들에게 누군가와 함께한다는 느낌을 줍니다.

가상 공간에서 열린 행사에 참가하여 옆에 앉아 있는 이들과 감상을 나누고 춤추며 놀고, 캐릭터의 표정과 손짓으로 기쁨, 슬픔, 분노 등 다양한 감정을 표현합니다. 오프라인 행사에서 그러했듯 비대면 행사에서도 많은 참가자가 비슷한 관심사를 가진 이들을 만나 우정을 쌓고, 행사가 끝난 후에도 친해진 참가자들끼리 서로 팔로우하며 친분을 다지는 등 행사는 단순한 일회성 만남으로 끝나지 않습니다.

└ 이프랜드에서 열린 2022년 메타버스 서울 제야의 종 페스티벌

플랫폼	제페토 (ZEPETO)	게더타운 (Gather Town)	코스페이시스 (CoSpaces Edu)	로블록스 (Roblox)	이프랜드 (ifland)
기업명	네이버 Z (한국)	Gather Presence (미국)	Delightex (독일)	Roblox Corporation (미국)	SK텔레콤 (한국)
출시 연도	2018년	2020년	2016년	2006년	2021년
그래픽 방식	3D	2D	3D	3D	3D
무료 동시접속 최대 인원	아바타 접속 16명 + 무료 관전 인원 60명	25명	가격 정책에 따라 상이 (5~400좌석)	50명	아바타 접속 31명 + 무료 관전 인원 100명
기능	· 패션 아이템 제작, 판매 · AR 콘텐츠 게임, SNS 기능 · 빌드잇 기능으로 가상 공간 직접 제작	· 오피스, 강의실 등 제작 및 아이템 배치 · 비디오, 오디오 실시간 채팅 지원 · 아바타 간 대화 가능	· AR·VR 모드를 활용한 콘텐츠 제작 · 블록·텍스트 코딩으로 콘텐츠에 애니메이션 효과 부여	· 게임, 아이템, 장비 등 생성 · 로벅스(가상 화폐) 운영 · AR 게임 및 콘텐츠 생성	· 다양한 아바타 및 패션 아이템 보유(무료) · 문서, 영상 등 각종 자료 공유
활용	· 엔터테인먼트 · 빌드잇 기능을 이용한 가상 공간 구성 · 기업 브랜드 공간 구성	· 비대면 회의 · 비대면 수업, 강의, 콘퍼런스 등의 행사	· 교육 기관 AR·VR 콘텐츠 제작 교육 · 코딩 교육	· 기업 홍보 (가상 테마관, 아이템 판매) · 게임 코딩 교육	· 아바타 토크쇼, 설명회 · 대학 입학식, 졸업식 · 콘서트, 페스티벌, 시사회 등
접속 방식	앱	앱(베타), 웹	앱, 웹	앱, 웹	앱
소통 지원	음성, 텍스트	음성, 텍스트, 화상	텍스트	음성, 텍스트	음성, 텍스트

플랫폼	제페토 (ZEPETO)	게더타운 (Gather Town)	코스페이시스 (CoSpaces Edu)	로블록스 (Roblox)	이프랜드 (ifland)
영상·PDF 공유	미지원	지원	미지원	미지원	지원
사용 비용	· 무료 · 부분 유료 (아이템 구매)	· 소규모 인원 (25명) 무료 · 26~500명 : 1인당 3달러 (1일) · 501명 이상 : 1인당 7달러 (1개월)	· 무료(BASIC)· 유료(PRO) 버전 존재 · 유료 버전은 연 74,99달러부터 시작 · PRO 버전은 플랫폼 내 모든 기능 활용	· 무료 · 부분 유료 (유료 게임 및 아이템 구매)	· 무료 · 맵 제작 등은 유료(계약)
사례	· 블랙핑크 팬 사인회 · 젠틀몬스터, 구찌, 디올 등의 월드 · 배스킨라빈스, CU 등의 기업 홍보관	· SSG닷컴 신입 사원 교육 · 관세청 신규 채용자 입소식 등의 행사	· 초·중·고등학교 AR·VR·코딩 수업 활용	· 나이키랜드, 현대자동차 테마파크 · 게임 제작 코딩	· 순천향대 입학식, 고려대 응원 OT 등의 행사 · 서울시 타종 행사 등

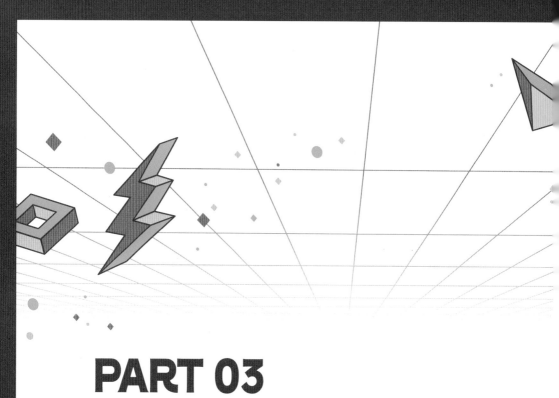

PART 03
메타버스 플랫폼 활용

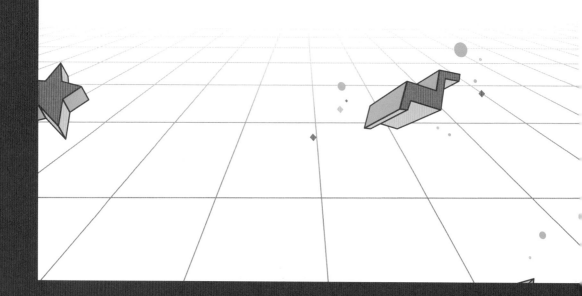

이번 장에서는 대표적인 메타버스 플랫폼들을 직접 사용하고 각 플랫폼의 특장점을 체험해 보겠습니다. 모든 과정은 '무작정 따라하기' 실습을 기반으로 진행되므로 각 단계를 하나씩 따라 하기를 권장합니다. 실습을 통해 플랫폼의 특징과 장단점을 명확히 이해하면 일상에서 메타버스를 사용해야 할 때, 용도와 목적에 적합한 플랫폼을 선택하는 일에 도움이 될 것입니다.

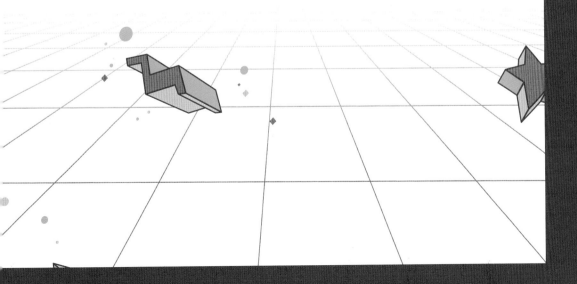

CHAPTER

제페토(ZEPETO)

1

01 > 제페토 시작하기

01 제페토란 무엇인가?

2018년 8월 네이버제트가 출시한 제페토는 전 세계 200여 개국에서 3억 명 이상 가입한 3D 아바타 기반 메타버스 플랫폼입니다. 캐릭터의 외모와 의상, 룸을 내 마음대로 꾸밀 수 있고, 다른 사람의 월드에 놀러 가거나 게임 또는 액티비티를 즐길 수도 있으며, 월드에서 찍은 사진과 동영상을 게시하는 등 SNS 기능도 포함합니다. 상상 속에서만 꿈꿔왔던 사진, 동영상, 아이템 등을 직접 제작하고 사용자끼리 적극적으로 상호작용하며 함께 가상 세계를 성장시키는, 크리에이터를 위한 놀라운 공간입니다.

무작정 따라하기 01 제페토 가입하기

1 제페토는 모바일 기반 서비스로, 먼저 스마트폰 구글스토어 또는 앱스토어에서 제페토를 검색해 설치한 후 앱을 실행합니다. 이용약관에 동의하고 회원가입을 합니다.

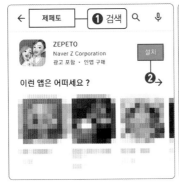

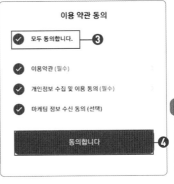

Tip 마케팅 정보 수신을 원치 않으면 해당 항목의 체크를 해제합니다.

2 화면에 나타난 캐릭터 중 마음에 드는 캐릭터를 선택합니다.

> **Tip**
> 이 단계에서 선택한 캐릭터가 맘에 안 든다고 걱정할 필요 없습니다. 캐릭터는 초기 설정을 마친 후 원하는 모습으로 다시 수정할 수 있습니다.

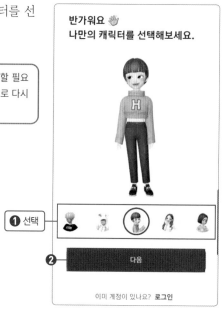

3 캐릭터의 이름을 입력합니다.

|잠|깐|만|요| **캐릭터 이름은 어떻게 쓰이나요?**

캐릭터 이름은 제페토 월드에서 캐릭터의 머리 위에 표시할 수 있습니다. 재미있고 개성 있는 이름을 입력해 보세요.

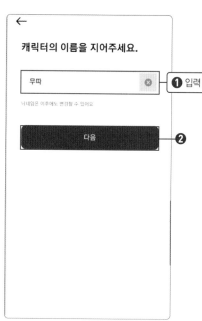

4 생년월일을 입력하고 [나음]을 선택하면 정확하게 입력했는지 확인하는 창이 뜹니다. [확인]을 탭하여 다음 단계로 이동합니다.

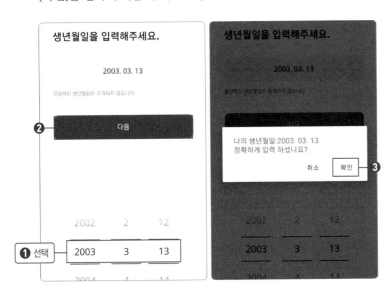

5 회원가입을 합니다. 카카오톡, 구글, 페이스북, 트위터, 라인 같은 SNS 계정을 이용하면 SNS 아이디로 쉽게 가입할 수 있습니다. 회원가입 초기 화면에는 카카오톡과 구글만 보이지만 [다른 옵션 보기]를 선택하면 더 많은 옵션이 나타납니다.

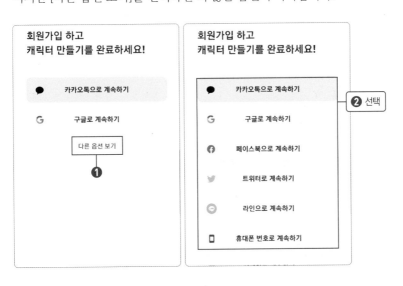

만약 휴대폰 번호 또는 이메일을 사용하여 회원가입을 하면, 입력한 휴대폰 번호 또는 이메일 주소로 인증번호가 전송됩니다. 전송된 4자리 인증번호를 화면에 입력해야 회원가입이 완료됩니다.

 Tip 인증번호는 10분 내로 입력해야 합니다.

6 제페토 아이디와 비밀번호를 차례대로 설정합니다.

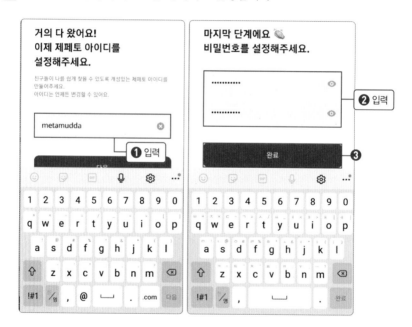

Tip 설정을 마무리하면 메인 화면이 표시되기 전에 코인 지급 화면이 나타납니다. 제페토는 꾸준히 출석하는 사용자들에게 코인을 지급하며, 처음 접속하면 50코인을 획득하게 됩니다.

무작정 따라하기 02 제페토 캐릭터와 방 꾸미기

1 제페토 메인 화면에서 [캐릭터] 아이콘을 선택하면 캐릭터 꾸미기 화면으로 이동합니다.

Tip 프로그램이 업데이트되어 화면 구성이 조금 다를 수 있습니다. 주요 메뉴는 그대로이므로 책의 내용을 따라 하는 데는 문제없을 거예요.

2 캐릭터 꾸미기 화면의 우측 상단에서 수정하고 싶은 아이콘을 선택하면 하단의 옵션이 변경됩니다. 화면 하단에서 아이템을 선택하면 상단의 캐릭터에 자동으로 반영됩니다.

❶ 👤 : 체형, 헤어스타일, 얼굴형, 눈, 코, 입, 메이크업 등을 변경합니다.

❷ 👕 : 상의, 하의, 액세서리, 특수 코스튬 등 다양한 의상으로 변경합니다.

Tip 원하는 모습으로 꾸민 후에는 반드시 [저장]을 눌러야 합니다. 저장하지 않으면 이전 상태로 되돌아갑니다.

3 무료 아이템도 있지만 인기 있고 예쁜 아이템은 대부분 젬과 코인으로 구매해야 합니다. 구매가 필요한 아이템을 선택하면 [저장] 버튼이 [구매 1]로 변경됩니다. '구매' 옆에 표시되는 숫자는 구매할 아이템의 개수입니다. [구매 1]을 탭하면 구매할 아이템이 모두 표시되며 구매 여부를 확인합니다. [구매]를 선택하면 해당 금액만큼 젬 또는 코인이 차감됩니다.

4 ♠ 아이콘을 탭하면 캐릭터의 방 편집 화면이 나타납니다. 방은 벽지, 바닥, 4개의 아이템 등 총 6가지 부분을 수정할 수 있습니다.

➕를 탭하면 아이콘이 ⚫로 바뀌고 해당 위치에 놓을 수 있는 아이템이 하단에 표시됩니다. 원하는 아이템을 선택하여 적용합니다.

방을 꾸미고 [저장]을 누른 후 캐릭터와 방을 확인해 봅시다. 화면 좌측 상단의 하얀색 화살표를 선택하면 메인 화면으로 돌아옵니다.

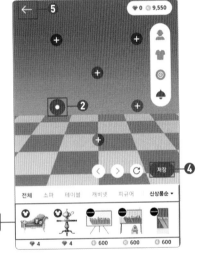

③ 선택

무작정 따라하기 03 프로필 편집하기

1 메인 화면 하단 메뉴에서 👤(프로필)을 선택하면 현재 내 캐릭터의 상태를 확인할 수 있습니다. [프로필 편집]을 선택하여 이름, 직업, 국가, 상태 메시지 등을 수정합니다.

2 프로필 사진을 수정하려면 화면 상단의 사진을 탭하고 [프로필 사진 변경]을 선택합니다. 다양한 포즈 목록이 나오면 화면을 위아래로 움직여 원하는 포즈를 선택하고 잠시 기다립니다.

3 내 캐릭터가 선택한 포즈를 취한 모습을 확인할 수 있습니다. 우측 상단의 ✅를 탭하면 사진 편집이 완료됩니다.

4 수정된 프로필을 최종적으로 사용하려면 반드시 [완료] 버튼을 눌러야 합니다. [완료] 대신 좌측 상단의 ←를 누르면 편집한 내용이 하나도 반영되지 않으니 유의하세요.

5 프로필 수정을 완료하면 프로필 화면의 사진이 새로운 모습으로 변경됩니다.

---

02 제페토 화면 둘러보기

기본 메뉴 살펴보기

제페토 메인 화면의 하단에 있는 기본 메뉴를 살펴보겠습니다.

❶ 🏠 **(홈)** : 기본 메뉴로, 캐릭터 편집뿐만 아니라 다양한 제페토 핵심 기능을 확인합니다.

❷ 🪐 **(월드)** : 크리에이터들이 제작한 다양한 제페토 월드를 확인할 수 있습니다.

❸ ⊞ **(만들기)** : 동영상과 다양한 인증샷을 쉽게 제작할 수 있습니다.

❹ ▶ **(피드)** : 제페토 사용자들이 업로드한 다양한 게시물을 확인합니다.

❺ ⅄ **(프로필)** : 캐릭터의 이름, 사진 등 자신의 프로필을 편집하고, 업로드한 게시물을 관리합니다.

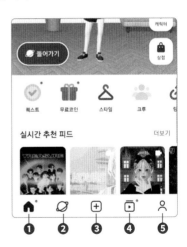

젬과 코인이란?

제페토에는 '젬'과 '코인'을 사용하는 자체 경제 시스템이 있습니다. 제페토 사용자는 젬과 코인으로 아이템을 구매하는 소비자가 되기도 하고, 스스로 아이템을 만들어 판매하는 생산자가 되어 자산을 늘릴 수도 있습니다.

내 캐릭터를 꾸밀 아이템을 구매하려면 젬과 코인이 필수적입니다. 젬과 코인은 제페토 공식 화폐라는 공통점이 있지만 크리에이터들이 제작한 아이템처럼 젬으로만 구매, 판매하는 특별한 아이템들이 있어 젬이 코인보다 높게 평가받습니다.

처음 로그인하면 기본 8500코인이 제공되고 현재 보유한 젬과 코인은 메인 화면의 좌측 상단에서 확인할 수 있습니다. 이제 젬과 코인을 획득하는 방법을 살펴보겠습니다.

무작정 따라하기 04 　젬과 코인 획득하기

1　젬과 코인을 획득하는 첫 번째 방법은 미션을 수행하고 젬과 코인을 무료로 받는 것입니다. 제페토에 로그인하고 코인을 받았던 것처럼 간단한 미션들을 수행하거나 광고를 시청하면 젬과 코인을 무료로 받을 수 있습니다. 메인 메뉴의 [퀘스트] 또는 [무료코인]을 탭하여 수행할 수 있는 미션을 확인해 보세요.

2 두 번째로 그레닛숍에서 유료로 구매하는 방법이 있습니다. 메인 화면 좌측 상단의 셈과 코인 부분을 탭하면 크레딧숍이 나타납니다. 크레딧숍에서 현금을 지불하고 젬을 구매할 수 있습니다.

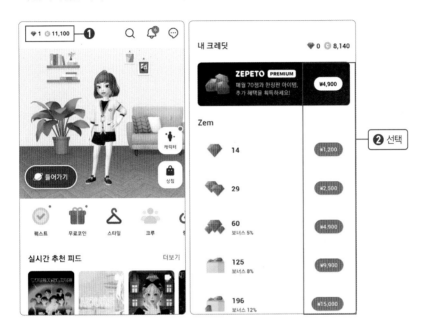

3 세 번째로 제페토 크리에이터가 되어 아이템을 직접 디자인하고 판매하여 젬을 획득할 수 있습니다. 아이템 판매는 젬으로 이루어지며 5000젬 이상이 모이면 현실의 화폐로 지급받을 수 있어서 이용자들의 수익 창출 도구로 인기가 높습니다. 실제로 1억 원 이상의 수익을 올리는 크리에이터도 등장하고 있습니다.

|잠|깐|만|요| **재미로 시작해 메타버스 전문 기업을 세운 슈퍼 크리에이터 '렌지'**

크리에이터 렌지(lenge)는 2020년 4월부터 패션, 뷰티 아이템을 디자인해 판매하기 시작하여 현재 월 평균 1500만 원 이상의 수익을 올리는 슈퍼 크리에이터가 되었습니다. 현재 59만 명 이상의 제페토 팔로워를 보유한 그녀는 '렌지드(LENGED)'라는 메타버스 전문 기업을 설립하고 수십 명의 크리에이터를 고용하여 아이템 제작뿐만 아니라 다양한 회사와 콜라보 작업을 발표하며 메타버스 세상에서 새로운 트렌드를 선도하고 있습니다.

02 제페토 제대로 즐기기

01 캐릭터가 활동하는 가상 공간, 월드

제페토에는 캐릭터들이 활동하는 가상 공간인 '월드'가 있습니다. 나의 캐릭터는 월드에서 전 세계 친구를 만나기도 하고, 한강에서 산책하며 편의점을 구경하기도 합니다. 직접 방을 만들어 친구들을 초대하고 우리만의 공간을 만들 수도 있습니다.

무작정 따라하기 05 월드에 입장하기

1 메인 화면의 하단 메뉴에서 ❨(월드)를 선택하면 입장하여 플레이할 수 있는 다양한 방 목록이 나옵니다. 월드에는 제페토 운영진이 제작한 공식 월드와 이용자들이 제작한 크리에이터 월드가 함께 있습니다. 많은 월드가 쏟아져 나오므로 이 화면은 하루에도 몇 번씩 업데이트됩니다.

> **Tip** 월드는 캐릭터들이 활동하도록 디자인된 가상 공간을 말하고, 방은 월드를 기반으로 캐릭터들이 방문할 수 있도록 오픈된 공간을 말합니다. 하나의 월드에 여러 개의 방이 만들어질 수 있어요.

2 가고 싶은 방을 선택하면 내 캐릭터가 이동합니다.

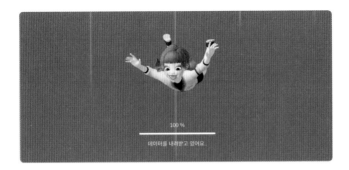

3 제페토 월드에 처음 들어가면 버튼 설명이 보이며, 화면을 터치하면 사라집니다.

4 방 안에서 두 손가락을 화면에 대고 벌리거나 오므리면 화면을 확대, 축소할 수 있습니다. 캐릭터 주변을 손가락으로 드래그하여 다양한 각도에서 캐릭터의 모습을 확인해 봅니다.

└ 화면을 축소한 모습

└ 화면을 확대한 모습

방 메뉴 살펴보기

대부분의 방에는 공통적으로 상단에 기본 메뉴가 있습니다. 각각의 기능을 간략하게 살펴보겠습니다.

❶ 1/12 : 참가 인원 표시입니다. 현재 인원과 입장 가능한 최대 인원이 표시됩니다. 하나의 방에는 최대 16명까지 동시 접속 할 수 있습니다.

❷ : 방 설계자가 작성한 방의 공지사항을 확인할 수 있습니다. 공지사항에는 월드의 목적이나 주의사항 등을 안내합니다.

❸ 초대 : 친구 초대 메뉴로, 현재 입장한 방의 콘텐츠를 친구들과 함께 즐기고 싶을 때 사용합니다. 탭하면 나의 제페토 팔로워 중 이 방으로 초대할 친구를 선택할 수 있으며, 상단의 [초대 링크]를 탭하면 방의 입장 링크를 다른 앱으로 공유하여 친구들을 초대할 수 있습니다.

❹ : 상점 메뉴입니다. 이 메뉴를 탭하면 아이템 구매 화면이 나타납니다. 각 방에서 퀘스트를 수행할 때 필요한 아이템을 바로 구입하여 사용할 수 있습니다.

❺ : 퀘스트 메뉴입니다. 코인을 획득할 수 있는 퀘스트 목록을 확인할 수 있습니다. 퀘스트 내용에 따라 방을 이동하며 코인을 획득할 때 사용합니다.

❻ : 방을 이용하는 데 필요한 기본 메뉴 항목들이 있습니다. 방 나가기, 방 정보 확인, 랜덤 방 이동, 캐릭터 이름 표시 등 다양한 설정 옵션을 변경할 수 있습니다.

무작정 따라하기 06 월드에서 기본 인터페이스 사용하기

1 화면 좌측 하단의 ⚪(네비게이션)을 손가락으로 상하좌우 드래그하면 캐릭터가 해당 방향으로 움직입니다.

2 화면 우측 하단의 🔼을 탭하면 캐릭터가 점프합니다. 빨리 이동하거나 장애물을 넘을 때, 특히 게임할 때 유용합니다.

3 화면 하단의 🏃(제스처)를 탭하면 화면 오른쪽에 제스처와 포즈가 표시됩니다. 동작을 선택하면 캐릭터가 해당 포즈를 취하거나 춤을 춰서 현재의 기분을 동작으로 표현할 수 있습니다.

4 화면 하단의 ◎(카메라)를 탭하면 월드 속 캐릭터의 모습을 사진이나 동영상으로 촬영합니다. 촬영한 사진과 동영상은 스마트폰에 저장하거나 공유할 수 있습니다.

5 화면 좌측에 있는 💬을 탭하면 다른 사용자들과 채팅을 나눌 수 있습니다. 채팅 창에는 사용자의 입장, 퇴장 정보와 퀘스트 진행 상태도 함께 표시됩니다.

6 월드를 구경하다 보면 버튼이 나타날 때가 있습니다. 해당 아이템을 탭하면 캐릭터와 상호작용이 있다는 뜻입니다. 예를 들어, 바위 위에 있는 손가락 버튼을 탭하면 캐릭터가 명상을 즐깁니다. 선택한 월드에 따라 다양한 상호작용을 즐겨보세요.

02 함께 즐기면 더 재미있는 세상

캐릭터는 현실의 나를 대신하여 제페토 월드에서 전 세계 친구를 만나고 함께 소통합니다. 마음에 드는 친구를 팔로우하고, 제페토 월드 속 캐릭터의 일상을 담은 인증샷과 동영상을 게시하고, 팔로워의 게시물에 '좋아요'를 누르는 등 다양한 소셜 네트워크 서비스를 즐길 수 있습니다. 제페토 월드에서는 누구나 방을 직접 만들고 플레이할 수 있습니다.

친구 목록 확인하기

홈 화면에서 아래쪽으로 조금 내려가면 '친구' 항목이 보입니다. [더보기]를 누르면 현재 나의 친구들을 볼 수 있습니다. 내가 팔로잉한 친구들은 [팔로잉] 탭에서, 나를 팔로잉한 친구들은 [팔로워] 탭에서 확인 가능합니다. 나를 팔로잉한 친구의 이름을 탭하면 그 친구의 게시물을 확인할 수 있습니다.

Tip 제페토의 모든 사용자 계정에는 'ZEPETO 튜토리얼', 'ZEPETOR 제아', 'ZEPETO Korea 제희' 3명의 친구가 자동으로 팔로잉되어 있습니다. 이들은 제페토의 공식 정보를 제공하기 위한 이용자이며, 특히 'ZEPETO Korea 제희'는 월드의 한국 공식 계정 담당자입니다.

나만의 방 만들어 친구 초대하기 ──────────

1 월드 화면의 우측 상단에 있는 [+방 만들기] 버튼을 눌러 내가 만들 방의 제목, 월드, 비공개 여부를 선택합니다. 비공개로 설정하지 않고 방을 만들면 제페토 월드의 누구나 입장할 수 있습니다.

> **Tip** 방을 비공개로 설정한 경우에는 내가 초대한 친구들만 입장 가능합니다.

2 방 만들기 설정을 완료하면 내가 만든 방으로 바로 이동하며, 친구를 초대할 수 있는 링크가 나타납니다. 이 링크를 복사하여 친구들에게 전달하면 링크를 받은 친구만 입장할 수 있습니다.

> **Tip** 초대 링크는 내가 이 방에 있을 때에만 유효합니다. 만약 내가 방을 나가면 초대 링크를 받은 친구는 이곳에 입장할 수 없습니다.

115

3 나의 제페토 팔로워 중에서 친구를 초대하려면 좌측 상단의 [초대]를 탭하여 초대할 친구들을 선택하면 됩니다.

1 메인 화면 하단의 ⊞를 탭하면 만들기 화면이 나타나며, 캐릭터가 취할 수 있는 다양한 포즈가 나열되어 있습니다.

> **Tip** 포즈 섬네일 우측 상단에 흰색 카메라 표시가 있는 것은 동영상입니다.

116

2 화면 상단의 탭에서 카테고리를 선택하고 화면을 위아래로 움직여 원하는 포즈를 선택합니다. 잠시 기다리면 내 캐릭터가 선택한 포즈를 취한 편집 화면이 나타납니다.

금붕어
폴라로이드러브

3 편집 화면에서는 배경 무늬, 화면 비율, 스티커 및 텍스트 추가 등 다양한 시각 효과를 적용할 수 있습니다.

└ 배경 편집   └ 화면 비율 편집

4 선택한 동영상 또는 포즈의 등장인물이 여러 명이면 내 친구들 중에서 동영상에 등장할 멤버를 선택할 수 있습니다. 편집 화면의 좌측 하단에 있는 [멤버]를 탭하여 나의 친구 목록에서 필요한 인원 수만큼 친구를 선택하고 원하는 순서로 배치합니다. [완료]를 누르면 친구들이 영상이나 사진 속에 나타납니다.

5 [저장]을 누르면 스마트폰에 저장되고 친구들과 공유할 수 있습니다. 원하는 앱을 선택하여 공유합니다.

6 동영상이나 사진을 피드에 게시하려면 화면 우측 하단의 ➡을 탭합니다. 게시물의 내용과 해시태그를 작성하고 다양한 옵션을 선택합니다.

7 내용 입력 및 설정을 마치고 [완료]를 탭하면 피드에 게시된 결과물을 바로 확인할 수 있습니다. 프로필 화면에서도 자신이 올린 게시물을 확인할 수 있습니다.

└ 피드에 게시물이 올라간 화면　　　└ 나의 프로필에 업데이트된 게시물

03 > 제페토 크리에이터 되기

01　제페토 스튜디오에선 누구나 크리에이터

제페토 크리에이터란?

제페토 크리에이터는 콘텐츠를 제작하여 이를 다른 사용자들에게 공개하고 판매하여 수익을 창출하는 사람들을 말합니다. 제페토 크리에이터가 되는 과정은 매우 간단합니다. 제페토 계정이 있는 누구나 무료로 제페토 스튜디오에 가입한 후 콘텐츠를 제작하여 크리에이터가 될 수 있습니다. 그러나 제페토 크리에이터가 제작한 모든 콘텐츠가 다른 사용자들에게 공개되는 것은 아닙니다. 제페토는 사용자가 안전하고 재미있게 가상 세계를 즐길 수 있도록 크리에이터가 제작한 콘텐츠가 저작권, 상표권, 초상권 등을 침해하지 않는지 또는 도덕성 및 윤리 지침에 위배되는 사항은 없는지 심사하여 위반 사항이 없는 콘텐츠만 다른 사용자에게 공개합니다.

제페토 스튜디오에서 제작할 수 있는 콘텐츠

제페토 스튜디오는 크리에이터와 월드 설계자를 위한 콘텐츠 제작 플랫폼입니다. 전문적인 디자인 지식이 없어도 누구나 제페토 스튜디오에서 크리에이터가 되어 캐릭터 의상부터 3D 월드까지, 직접 만들어 세계의 모든 사용자에게 공유하거나 판매할 수 있습니다. 현재 150만 명 이상의 크리에이터가 활동 중이며 5000만 개 이상의 아이템이 제작되어 사용자들에게 판매되고 있습니다. 제페토 스튜디오 홈페이지 상단의 [콘텐츠] 탭에서 제작 가능한 콘텐츠를 확인할 수 있습니다.

❶ **아이템** : 머리부터 발끝까지, 캐릭터가 착용하는 모든 패션 아이템을 손쉽게 제작하고 원할 경우 판매도 가능합니다. 사용자가 디자인한 아이템은 제페토 심사를 거쳐 다른 사용자들에게 판매할 수 있습니다. 제페토 스튜디오에서 아이템 만들기는 PC 버전과 모바일 버전 모두 가능합니다.

❷ **월드** : 가상 공간 월드를 전문적으로 제작하고 관리하는 메뉴입니다. 월드 개발자는 자신이 만든 월드에서만 연동하는 상품을 제작하고 판매하여 수익 창출도 가능합니다. 단, 월드는 빌드잇과 달리 유니티 툴을 이용하여 제작되므로 스크립트 프로그래밍에 대한 전문적인 지식과 다양한 개발 노하우가 필요합니다.

❸ **라이브** : 라이브는 가상 캐릭터로 실시간 방송을 하여 간편하고 빠르게 사용자와 소통하고, 시청자들로부터 젬으로 후원금을 받아 수익도 창출할 수 있는 새로운 형태의 콘텐츠입니다. 2022년 3월 현재 베타 테스트 단계로, 권한이 있는 몇몇 크리에이터만 사용할 수 있습니다.

❹ **빌드잇** : 상상 속에만 존재하던 제페토 월드를 누구나 쉽고 간단히 만들 수 있는 에디터를 제공합니다. 전문 지식이 없어도 빌드잇이 제공하는 다양한 오브젝트를 원하는 대로 배치하여 자신만의 크리에이터 월드를 만들 수 있습니다. 빌드잇을 사용하려면 PC 버전 프로그램을 따로 설치하고 실행해야 합니다.

1 구글 크롬에서 '제페토 스튜디오'를 검색하여 사이트로 이동합니다. 제페토 스튜디오 메인 페이지에서 [시작하기]를 클릭하면 로그인 화면이 나타납니다.

2 컴퓨터 화면에 표시된 QR 코드를 스마트폰 제페토 앱으로 스캔하여 로그인하겠습니다.

❶ 스마트폰에서 제페토 앱을 열어 프로필 화면으로 이동한 후, 우측 중앙의 QR 코드 아이콘을 탭합니다. '내 QR 코드' 화면 우측 하단의 [스캔하기]를 선택합니다.

❷ 컴퓨터 화면의 QR 코드를 스캔하면 스마트폰 앱에 'ZEPETO 서비스에 로그인하시겠습니까?'
라고 묻는 화면이 나타납니다. [로그인] 버튼을 탭하면 컴퓨터의 제페토 스튜디오에 나의 캐릭
터로 로그인됩니다.

❸ 로그인하는 또 다른 방법으로 제페토에 가입할 때 사용한 전화번호(또는 이메일)와 비
밀번호를 입력해도 됩니다.

4 제페토 스튜디오에 처음 로그인하면 프로필을 작성해야 합니다. 계정 타입(개인 또는 사업자)을 선택하고 이메일과 전화번호를 인증한 후, 약관에 동의하여 프로필을 생성합니다.

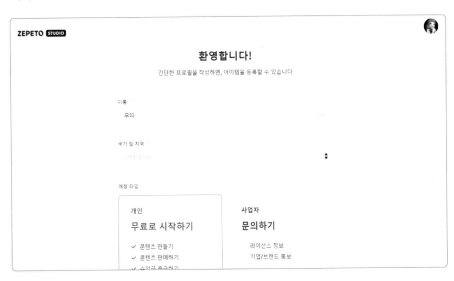

5 제페토 스튜디오에 [내 콘텐츠] 메뉴가 표시됩니다. 처음 로그인했기 때문에 당연히 아이템 및 월드 목록에 데이터가 없는 상태입니다.

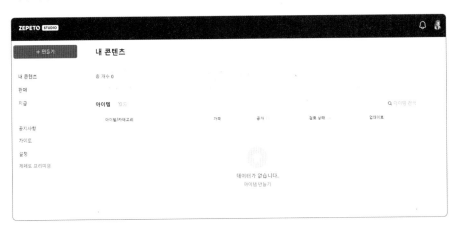

제페토 스튜디오는 크리에이터들이 아이템을 쉽게 제작할 수 있도록 템플릿을 제공합니다. 템플릿을 이용하면 전문적인 모델링 및 3D 디자인 작업에 대한 이해가 없어도 2D 그래픽 이미지를 수정하여 간단히 아이템을 제작할 수 있습니다. 컴퓨터로 할 수 있는 가장 간단한 방법으로 귀마개 아이템을 만들어보겠습니다.

무작정 따라하기 10 PC에서 귀마개 디자인하기

1 제페토 스튜디오 좌측 상단의 [+ 만들기]→[아이템]을 선택하면 템플릿 목록이 나옵니다. [퍼 귀마개]를 찾아 선택합니다. 여러분이 원하는 다른 아이템을 선택해도 됩니다.

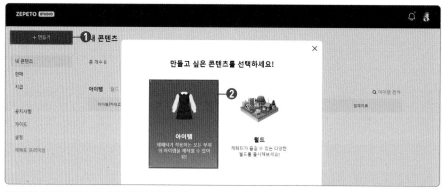

2 '템플릿으로 시작하기' 화면이 표시됩니다. 화면 오른쪽에 귀마개의 디자인 템플릿이 보이고, 왼쪽에 기본 캐릭터가 귀마개를 쓴 모습이 보입니다. [템플릿 다운로드]를 클릭 하면 파일이 다운로드됩니다.

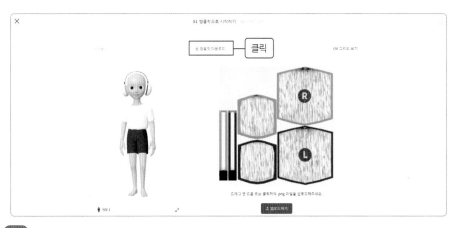

Tip 오른쪽의 템플릿은 선택한 아이템에 따라 다르게 표시되며 템플릿에 L, R 등의 표시가 있어서 해당 그림이 아 이템의 어느 부분에 해당할지 예측할 수 있습니다.

3 다운로드한 파일에는 png와 psd 타입의 템플릿이 압축되어 있습니다. 압축을 풀어줍 니다.

└ 다운로드한 파일의 압축을 푼 화면

4 그림판을 이용해 간단하게 귀마개를 디자인해 보겠습니다. 그림판에서 귀마개 템플릿 png 파일을 불러옵니다. 제페토 스튜디오 화면의 템플릿과 동일한 그림이 나타납니다.

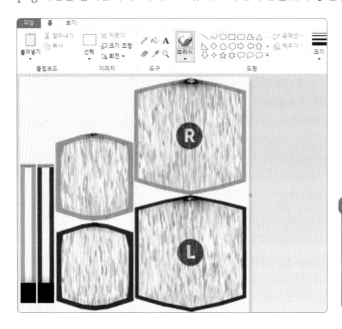

> **Tip**
> 익숙한 다른 디자인 툴이 있다면 해당 툴을 사용해도 좋습니다. png, psd 파일 중 디자인 툴에 적합한 것을 사용하면 됩니다.

5 그림판의 그리기 툴을 이용하여 간단히 디자인합니다.

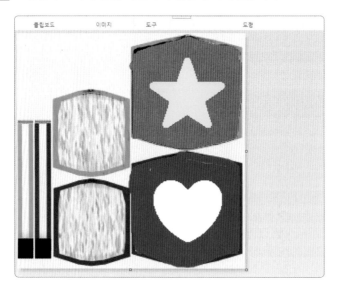

6 디자인한 파일을 png로 저장합니다. 제페토 스튜디오에 올리는 파일은 반드시 png 형식이어야 하므로, psd 파일로 작업한 경우에도 최종 파일은 꼭 png로 저장합니다.

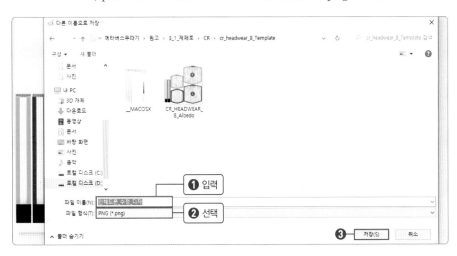

7 제페토 스튜디오에서 화면 하단의 [업로드하기]를 클릭하고 디자인한 png 파일을 선택하면 오른쪽에 여러분이 디자인한 귀마개 템플릿을, 왼쪽에 캐릭터가 귀마개를 착용한 모습을 보여줍니다. 캐릭터에 마우스를 대고 드래그하면 360도 회전이 가능하여 앞모습과 뒷모습을 모두 확인할 수 있습니다. 아이템을 저장하려면 화면 우측 상단의 [확인]을 클릭합니다.

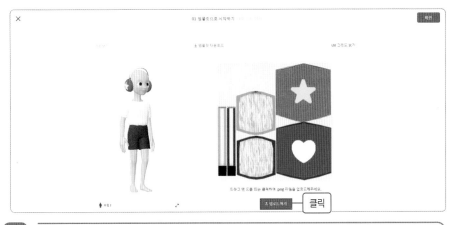

> **Tip** 캐릭터가 착용한 아이템의 디자인이 마음에 들 때까지 디자인과 업로드 과정을 반복합니다.

8 아이템을 저장한 후에는 상세 정보 입력 화면이 나타나며 아이템 이름과 판매 가격 등을 설정할 수 있습니다. 상세 정보 입력이 끝나면 우측 상단의 [저장]을 누르거나, 디자인한 아이템을 판매하려면 [심사 제출하기]를 누릅니다. 제페토는 여러분이 제출한 디자인 파일을 심사한 후, 결격 사유가 없으면 다른 사용자들이 구매할 수 있도록 제페토 앱에 등록합니다.

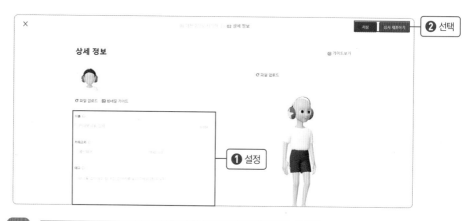

> **Tip**
> 일반적으로 초보 크리에이터들은 자신이 제작한 아이템을 3젬 이하의 저렴한 가격으로 판매합니다.
> 여러분도 1~2젬 정도로 가격을 책정해 보세요.

9 디자인한 아이템을 내 캐릭터가 착용한 모습을 확인해 봅시다. 아이템 목록에 방금 저장한 디자인 아이템이 보입니다. 아이템 목록의 오른쪽에 있는 [⋯]→[휴대폰에서 미리보기]를 선택하면 스마트폰의 제페토 앱에 알람이 표시됩니다.

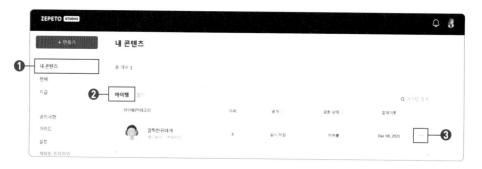

스마트폰 알람을 탭하면 내 캐릭터가 귀여운 귀마
개를 쓴 모습을 확인할 수 있습니다.

> **Tip** 스마트폰으로 아이템을 만드는 과정도 컴퓨터에서 하는 방
> 법과 유사합니다. 제페토 앱의 프로필 화면→ (설정)→[크리에
> 이터 되기]를 탭하면 아이템 만들기 화면이 나타납니다. 이곳에
> 서 원하는 아이템 선택→[편집]→[템플릿 다운로드]를 선택하여
> 받은 파일을 '이비스페인트 X'와 같은 그리기 앱에서 열어 디자인
> 하면 됩니다.

04 | 빌드잇(build it)으로 월드 제작하기

01 빌드잇이란 무엇인가?

빌드잇은 제페토 이용자가 본인이 상상한 세상을 크리에이터 월드로 쉽게 만들 수 있도록 제공된 PC용 무료 월드 에디터입니다. 빌드잇에서 월드를 구성하기 위해 필요한 지형, 하늘, 건물, 교통, 가구, 음식 등 수많은 오브젝트를 모두 제공하므로 사용자는 클릭 몇 번으로 필요한 오브젝트를 선택하여 쉽고 빠르게 크리에이터 월드를 만들 수 있습니다. 빌드잇은 PC에서만 사용할 수 있으므로 먼저 빌드잇을 다운로드 받아 설치해야 합니다.

무작정 따라하기 11) 빌드잇 시작하기

1 제페토 스튜디오 메인 페이지 상단의 [콘텐츠]에서 [빌드잇]을 선택하면 빌드잇 다운로드 페이지가 나타납니다.

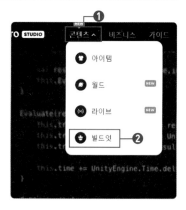

2 사용할 컴퓨터 운영체제를 선택하면 설치 파일이 다운로드됩니다. 다운로드된 파일을 더블클릭하여 빌드잇을 설치합니다. 빌드잇을 설치할 때는 특별히 선택할 옵션이 없으니 설치 경로만 설정하고 바로 설치하면 됩니다.

3 빌드잇을 실행하고 로그인합니다. 제페토 스튜디오의 로그인 방식과 동일하게 계정 로그인을 하거나 QR 로그인을 하면 됩니다.

4 빌드잇 시작 화면에서 [새로 만들기]를 클릭하면 다양한 월드 템플릿이 보입니다. 템플 릿은 크리에이터 월드를 쉽게 만들 수 있도록 지형, 하늘, 오브젝트를 미리 제작해 놓은 기본 월드입니다.

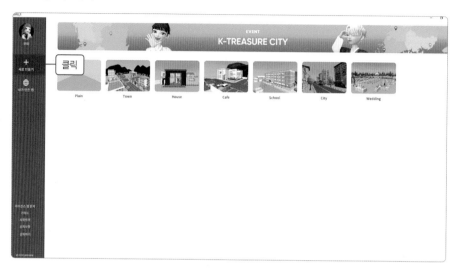

기본 동작을 살펴보기 위해 템플릿 중 [Plain]을 선택하면 아래와 같이 텅 빈 월드가 나 타납니다.

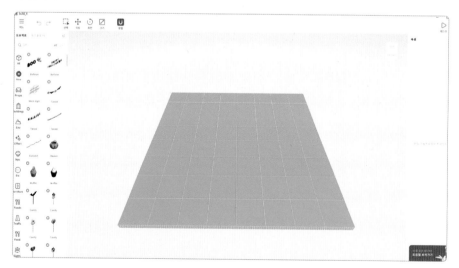

5 마우스 동작을 테스트해 봅시다. 빌드잇의 기본 조작 방법은 아래 표와 같습니다.

기본 조작법	설명
마우스 휠 이동	마우스 휠을 위로 올리면 화면이 줌인, 아래로 내리면 화면이 줌아웃됩니다.
마우스 왼쪽 버튼 클릭	화면에 있는 오브젝트를 선택합니다.
마우스 우클릭+드래그	우클릭한 상태로 마우스를 화면에서 드래그하면 카메라가 비추는 방향이 마우스 이동 방향을 따라 자유롭게 움직입니다.
W, S, A, D 키	카메라를 앞, 뒤, 왼쪽, 오른쪽으로 이동합니다.
Q, E 키	카메라를 수직 방향으로 아래, 위로 이동합니다.

> **Tip**
> 본격적으로 월드를 제작하기 전에 마우스와 키보드를 이용한 카메라 각도 조작 방법을 미리 연습하는 것이 좋습니다. 처음에는 3차원 공간에서 카메라를 제어하는 것이 불편할 수 있지만 점차 익숙해지며 작업도 훨씬 수월해집니다.

월드를 제작하다 보면 오브젝트가 원하는 위치에 정확히 놓였는지 확인하기 위해 여러 각도에서 월드를 체크해야 할 때가 있습니다. 이때는 화면 우측 상단에 있는 정사각형 주변의 화살표를 클릭합니다. 월드를 앞, 뒤, 왼쪽, 오른쪽, 위, 아래 등 6가지 각도에서 확인할 수 있습니다.

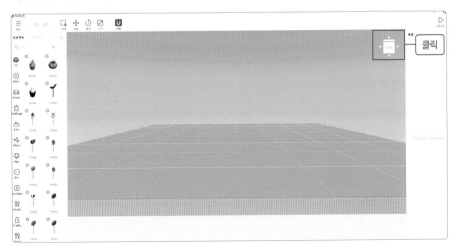

1 화면 왼쪽의 오브젝트 목록에서 원하는 오브젝트를 클릭합니다. 마우스를 화면 중앙의 월드 쪽으로 이동하면 마우스 포인터 끝에 반투명의 오브젝트가 따라 움직입니다.

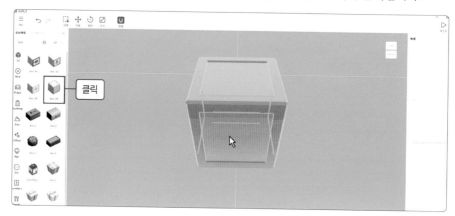

Tip

월드는 생각보다 훨씬 크기 때문에 월드가 자세히 보이도록 화면을 확대하고 시작하는 것이 좋습니다.

2 월드를 클릭하면 해당 위치에 선택한 오브젝트가 하나 놓입니다. 마우스를 옆으로 이동하여 클릭할 때마다 같은 오브젝트가 계속 추가됩니다.

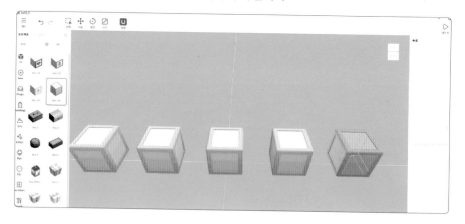

3 오브젝트를 더 이상 추가하지 않으려면 마우스를 우클릭합니다. 마지막에 추가한 오브젝트가 반투명으로 보이면 마우스로 월드의 아무 데나 클릭합니다. 이제 반투명의 오브젝트는 사라지고 모든 오브젝트가 제대로 보입니다.

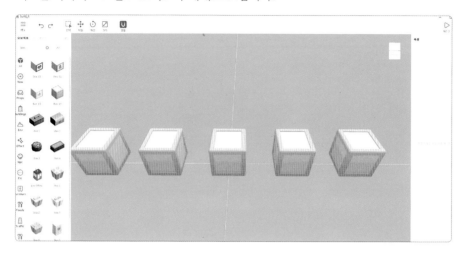

4 추가한 오브젝트의 속성을 편집하려면 오브젝트를 클릭합니다. 선택된 오브젝트는 반투명으로 바뀌고 화면 오른쪽 '속성'에 이름과 위치 정보 등이 표시됩니다. 빌드잇에서 제작하는 월드는 3차원 세상이기 때문에 모든 오브젝트에는 X, Y, Z축 세 개의 좌표 값이 표시되며, 속성 화면에서 위칫값을 변경할 수 있습니다.

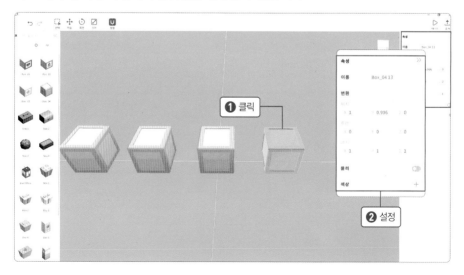

5 오브젝트를 선택한 상태에서 우클릭하면 오브젝트를 제어하는 팝업 메뉴가 나타납니다. 단축키로도 복사, 복제, 삭제, 오브젝트 확대가 가능합니다.

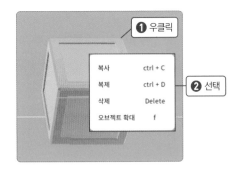

6 빌드잇 상단 메뉴를 이용하여 오브젝트 이동, 회전, 크기 변경 방법을 알아보겠습니다. 오브젝트를 선택한 상태에서 화면 상단의 ✛(이동)을 클릭하면 오브젝트에 X, Y, Z축으로 이동하는 화살표가 표시됩니다. 빨간색은 X축, 연두색은 Y축, 파란색은 Z축입니다. 원하는 화살표를 선택하여 드래그하면 해당 방향으로 오브젝트가 움직입니다.

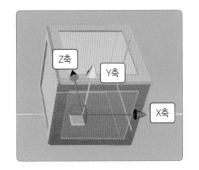

↻(회전)을 클릭하면 X, Y, Z축으로 회전할 수 있는 가이드 선이 나타납니다. 원하는 방향을 선택한 채로 드래그하여 회전시킵니다.

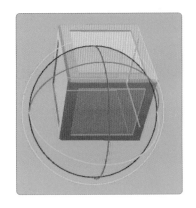

(크기)를 클릭하면 X, Y, Z축으로 크기를 조절할 수 있는 가이드 선이 나타납니다. 가이드 선을 선택한 채로 드래그하여 오브젝트를 해당 방향으로 크게 또는 작게 변경할 수 있습니다.

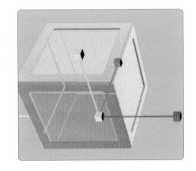

7 완성된 월드가 실제로 어떻게 보이는지 확인하려면 우측 상단의 ▷(테스트)를 클릭합니다. 잠시 후 월드가 실제로 구현된 모습으로 화면에 나타나고 내 캐릭터도 해당 월드에 함께 등장합니다. 테스트 화면 속 캐릭터는 제페토 월드와 똑같이 동작합니다. 방향키로 이동하며 Spacebar 를 누르면 점프합니다. Esc 키를 누르면 다시 월드 편집 화면으로 돌아갑니다.

Tip
제작한 월드에 오브젝트가 많은 경우 로딩 시간이 길어질 수 있습니다.

8 월드 편집 화면 좌측 상단의 [메뉴]→[저장]을 눌러 원하는 이름으로 월드를 저장합니다. 저장된 월드는 홈 화면의 [내가 만든 월드]에서 확인할 수 있습니다.

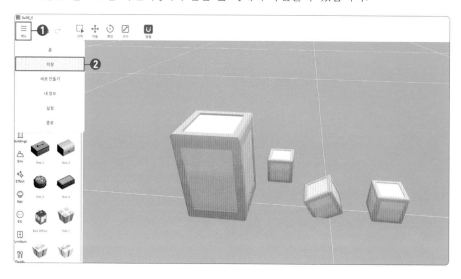

02 내가 만든 월드 공개하기

직접 만든 월드를 제페토 월드에 공개하는 방법은 생각보다 간단합니다. 월드 편집 화면 우측 상단에 있는 ⬆(공개)를 클릭하여 내가 편집한 월드를 다른 사람들에게 공개하기 위한 심사를 요청하면 됩니다.

섬네일 준비하기

월드를 공개하기 전에 먼저 섬네일을 준비해야 합니다. 섬네일은 제페토 월드 리스트에 표시되는 이미지로, 사용자들이 방문할 월드를 선택할 때 월드의 매력을 판단하는 기준이 되므로 사용자의 관심을 유도할 수 있도록 월드의 특성을 잘 살려서 만들어야 합니다. 또, 섬네일 사이즈는 반드시 1024×1024픽셀이어야 합니다. 섬네일이 사이즈 규격에 맞지 않거나 완성도가 떨어지면 제페토 심사에서 공개가 거절될 수 있으니 유의합니다.

월드 정보 입력하기

월드 편집 화면에서 우측 상단의 ⬆(공개)를 클릭하면 월드 정보를 입력하는 팝업 창이 나타납니다. 월드 소개와 키워드, 섬네일을 설정한 후 [리뷰 신청하기]를 클릭합니다.

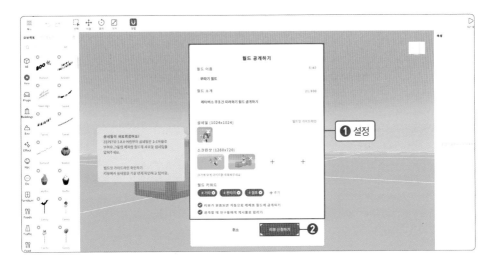

이제 월드를 다른 사람들에게 공개해도 될지 제페토 담당자가 리뷰를 시작합니다. 리뷰가 결격 사유 없이 끝나면 크리에이터 월드로 제페토 안에서 공개됩니다. 리뷰는 며칠에서 몇 주가 걸릴 수 있습니다.

CHAPTER

게더타운
(Gather Town)

01 게더타운 시작하기

01 게더타운이란 무엇인가?

2020년 5월 게더타운은 전 세계적인 코로나 팬데믹 상황에서 메타버스 화상회의 플랫폼으로 서비스를 시작했으며 현재 1000만 명이 넘는 회원을 보유하며 꾸준히 성장하고 있습니다. 게더타운은 인터넷 사이트에 접속해서 바로 사용 가능합니다. 모바일에서도 웹 브라우저를 통해 접속할 수 있으나 아직까지는 제한된 기능이 많기 때문에 여기서는 PC 기준으로 알아볼 예정입니다. PC에서는 다양한 브라우저로 접속할 수 있고, 그중에서도 크롬에서 가장 많은 기능을 지원하기 때문에 크롬 브라우저로 접속하는 방법을 살펴보겠습니다.

무작정 따라하기 01 게더타운 가입하기

1 크롬 브라우저 주소 창에 gather.town을 입력하여 사이트에 접속합니다. 로그인을 위해 우측 상단의 [Log in] 버튼을 클릭해 주세요.

> **Tip**
> 화면 상단의 [Explore Gather]를 클릭하면 로그인 없이 익명으로 게더타운을 이용할 수 있습니다. 하지만 친구 설정 불가능, 캐릭터 설정 매번 초기화, 이전에 이용한 공간 초기화 등 제약이 있으므로 한 번만 접속할 것이 아니라면 로그인하는 것을 추천합니다.

2 로그인은 구글 아이디 또는 일반 메일 주소로 가능합니다. 그러나 일반 메일 주소로 로그인하는 경우에는 매번 메일 주소로 코드를 받아 입력해야 하므로 번거로울 수 있습니다. 가능하다면 구글 아이디를 이용한 로그인을 추천합니다.

❶ 구글 아이디가 있다면 [Sign in with Google]을 클릭해서 구글 아이디로 로그인하면 가입이 완료됩니다.

❷ 일반 메일 주소로 가입하고 싶은 경우, 이메일 주소를 입력하고 [Sign in with email]을 클릭하면 입력한 메일 주소로 코드가 전송됩니다. 해당 코드를 입력하면 로그인할 수 있습니다.

선택

무작정 따라하기 02 캐릭터 꾸미기

1 로그인을 마치면 바로 캐릭터 꾸미기 팝업 창이 뜹니다. 캐릭터는 사용자의 실제 모습을 대신하여 게더타운에서 다른 사람들과 소통합니다. 캐릭터를 꾸민 후 [Next Step] 또는 [Finish Editing]을 클릭하면 닉네임 설정으로 넘어갑니다.

❶ 피부, 머리, 수염을 꾸밉니다.

❷ 상의, 하의, 신발을 선택합니다.

❸ 모자, 안경, 기타 소품으로 구성되어 있습니다.

❹ 게더타운에서 제공하는 특별한 캐릭터 외형으로 꾸밀 수 있습니다. 이 경우 머리, 옷, 액세서리 등을 바꿀 수 없으니 주의합니다.

클릭

2 캐릭터 이름을 설정해 주세요. 이름 설정 후에
[Finish]를 눌러 완료합니다.

❶ 입력

| 잠 | 깐 | 만 | 요 | **캐릭터를 수정하고 싶어요**

캐릭터를 완성하기 전에 창을 나왔거나 수정하
고 싶을 때는 화면 우측 상단에 있는 프로필을
누른 다음, [Edit Character]를 클릭하여 수정합
니다.

---

02 게더타운 공간 살펴보기

게더타운의 특색 중 하나는 가지각색의 공간(Space)에 다른 사람들을 초대해서 소통할 수
있다는 점입니다. 같은 공간 내에서 화상통화, 화이트보드 작성, 문서 작성, 동영상 공유 등
업무에 필요한 작업을 수행하고, 업무 외에도 간단한 보드 게임을 즐기며 친목을 다질 수
있습니다.

게더타운은 다양한 공간을 쉽게 사용할 수 있도록 여러 템플릿을 제공합니다. 템플릿 중에
마음에 드는 공간을 골라서 제작할 수도 있고, 빈 공간을 원하는 대로 꾸미는 것도 가능합
니다. 이번에는 게더타운이 제공하는 템플릿 중 하나를 사용하여 공간을 만드는 법을 알아
보겠습니다.

1 새로운 공간을 만들기 위해 페이지 우측 상단의 [Create Space]를 클릭합니다.

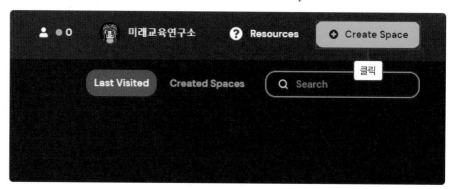

2 공간을 어떤 용도로 사용할지 묻는 팝업 창이 나타납니다. 공간은 3가지로 분류되어 있으며, 셋 중 하나를 고른 후 우측 하단의 [Select Space]를 클릭합니다. 좀 더 자세한 옵션을 확인하며 선택하고 싶다면 좌측 하단의 [Advanced setup for experts]를 클릭합니다.

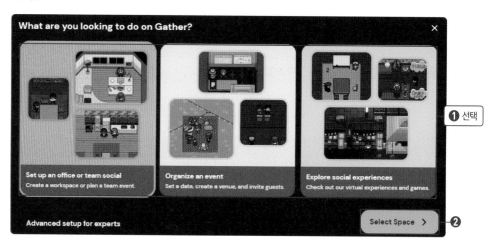

> **Tip** 프로그램이 업데이트되어 화면 구성이 조금 다를 수 있습니다. 주요 메뉴는 그대로이므로 책의 내용을 따라 하는 데는 문제없을 거예요.

146

3 [Advanced setup for experts]를 클릭하면 게더타운에서 제공하는 다양한 공간 템플릿을 카테고리별로 확인할 수 있습니다. 좌측에서 카테고리를 선택한 후, 우측에서 구체적으로 원하는 템플릿을 선택합니다.

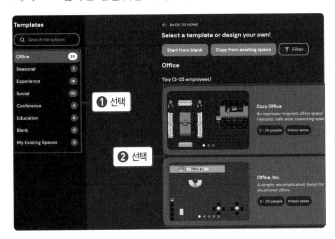

> **Tip** 템플릿 설명의 태그 중 people은 수용 인원, indoor area는 실내 공간, outdoor area는 실외 공간을 나타냅니다.

4 템플릿을 고르고 나면, 화면 우측에서 템플릿의 세부 내용과 공간 이름, 비밀번호, 용도를 설정할 수 있습니다. Space name에 원하는 공간 이름을 입력하고, 비밀번호가 필요하다면 Password protect를 활성화한 후 비밀번호를 입력합니다. 마지막으로 공간의 용도를 선택한 후에, [Create space]를 클릭하면 공간을 이용할 수 있습니다.

> **Tip** 공간 이름 입력 시 한글은 지원하지 않으며, 한번 설정한 이름은 변경할 수 없다는 점에 유의합니다.

1 공간 제작을 마치면 바로 제작한 공간으로 입장하게 됩니다. 공간 제작 후 게더타운을 종료하고 다시 입장하는 상황에서는 홈페이지 우측 상단의 [Created Spaces]를 클릭하면 제작한 공간 목록을 확인할 수 있습니다.

2 공간에 입장하기 전에 카메라 및 오디오 설정, 캐릭터 변경이 가능합니다. 좌측의 [Edit Character]를 클릭해서 캐릭터를 변경할 수 있고 우측은 각각 카메라, 마이크, 스피커 설정으로 원하는 장치를 선택할 수 있습니다. 설정 완료 후 [Join the Gathering]을 클릭하면 공간에 입장하게 됩니다.

03 기본 단축키 알아보기

키보드의 방향키 혹은 W, A, S, D를 누르면 원하는 방향으로 이동할 수 있습니다. 또는 이동하려는 장소를 더블클릭하면 해당 장소로 이동합니다.

숫자 1~6으로 감정을 표현할 수 있습니다. 6번 손 들기를 제외하고는 일정 시간이 지나면 사라집니다. 손 들기는 자동으로 사라지지 않으니 질문이 있을 때 사용하면 좋습니다.

|잠|깐|만|요| **감정 표현을 바꿀 수 있나요?**

감정 표현을 바꾸거나 현재 진행 중인 감정 표현을 닫고 싶을 때는 화면 하단의 😊 버튼에 마우스 포인터를 가져가면 팝업 창이 나타납니다. [Clear]를 클릭하면 현재 진행 중인 감정 표현을 닫고, [Edit]를 클릭하면 번호별로 저장되어 있는 감정 표현을 바꿀 수 있습니다.

X 키를 누르면 물체와 상호작용합니다. 상호작용할 수 있는 물체는 다가가면 주변이 노란색으로 활성화됩니다. 상호작용을 통해 영상, 이미지, 게임 등 물체에 적용된 콘텐츠를 이용할 수 있습니다.

ⓖ 키를 누르면 투명 모드를 이용합니다. 기본적으로 게더타운에서는 캐릭터끼리 뚫고 지나갈 수 없기 때문에, 사람들에게 막혀 길을 지나가기 어려울 때 투명 모드를 사용하면 사람들을 통과해 지나갈 수 있습니다.

ⓩ 키를 누르면 캐릭터가 춤을 춥니다. 춤추는 동작을 멈추려면 방향키를 눌러 이동합니다.

04

좌측 하단 메뉴 알아보기

화면의 좌측 하단 메뉴에서 닉네임을 클릭하면 여러 옵션이 나옵니다.

❶ [Edit]를 클릭하면 닉네임, 캐릭터를 변경할 수 있습니다.
❷ 상태 메시지를 입력할 수 있습니다.
❸ 캐릭터 디자인을 바꿀 수 있습니다.
❹ 클릭하면 다른 유저와의 상호작용이 비활성화됩니다.
❺ 클릭하면 공간의 시작 위치로 이동합니다.

마이크 및 카메라 아이콘을 클릭하여 활성화 여부를 선택할 수 있고, 활성화하려는 카메라 및 마이크, 스피커 장비를 고를 수 있습니다.

![]을 클릭하면 내 화면을 상대방에게 공유합니다. 전체 화면을 공유할 수도 있고, 원하는 창만 선택해서 공유할 수도 있습니다. 화면에서 나오는 소리도 같이 공유할 때는 ![]을 클릭하면 뜨는 팝업 창 좌측 하단의 '시스템 오디오 공유'에 체크합니다. 공유하려는 화면을 선택하고 우측 하단의 [공유]를 클릭하면 화면 공유가 시작됩니다.

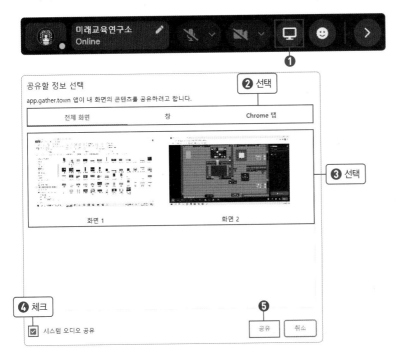

![]에 마우스를 대면 나타내고 싶은 감정 표현을 고를 수 있습니다.

![] 버튼을 누른 후 ![] 버튼을 클릭하면 미니맵을 볼 수 있습니다. 공간의 전체적인 구조를 확인할 때, 사람이 북적거리거나 공간이 복잡해서 내 위치를 알기 힘들 때 유용합니다.

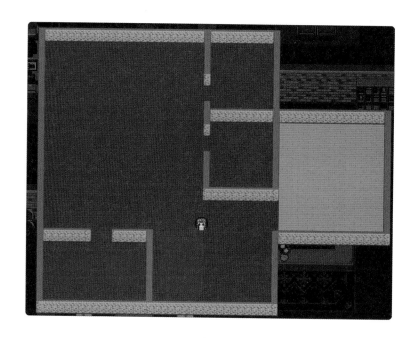

05 우측 하단 메뉴 알아보기

❶ 공간 내에 오브젝트를 추가하거나 지울 수 있습니다.

❷ 캘린더를 공유합니다. 이 기능을 이용하기 위해서는 설정에서 캘린더를 연결해야 합니다.

❸ 채팅 기능을 이용합니다.

❹ 현재 이용 중인 사람 목록을 볼 수 있고, 초대 링크를 만들 수 있습니다.

❺ 공간에서 나갑니다.

다른 사람 초대하기

우측 하단의 👥을 클릭하면 현재 입장한 사람
들 목록과 초대 버튼이 보입니다. [Invite]를 클
릭하면 초대 링크를 생성할 수 있습니다.

중앙의 Add by email 하단 칸에 이메일 주소를
입력하고, [Send Invite]를 클릭하면 초대 메일이
발송됩니다. 링크를 직접 보내고 싶을 때는 [Copy
Link]를 클릭하면 초대 링크가 복사됩니다.

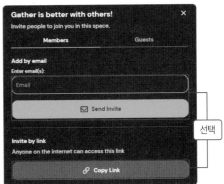

다른 사람과 채팅하기

을 클릭하면 대화 창이 열리며 상단에서 대화 내역을 볼 수 있습니다. 채팅을 보낼 때 가까이에 위치한 사람들만 보게 하고 싶으면 [Nearby]를, 모두가 볼 수 있도록 하고 싶다면 [Everyone]을, 특정 인물에게 보내고 싶다면 원하는 사람을 선택하고 메시지를 입력하면 됩니다.

02 맵 메이커 활용하여 맵 꾸미기

01 맵 메이커란 무엇인가?

게더타운에서 다양한 템플릿을 제공하긴 하지만, 특별한 회의나 모임을 기획한다면 목적에 맞는 콘셉트로 맵을 제작하고 싶을 것입니다. 맵 메이커는 게더타운에서 제공하는 맵 제작 도구로서 새로운 물체 추가, 물체와의 상호작용 추가, 타일 효과 생성, 포털 생성, 배경 변경 등 다양한 기능을 포함합니다.

무작정 따라하기 05 맵 메이커 입장하기

1 페이지 상단의 [My Spaces]를 클릭하여 원하는 맵 우측 하단의 ⋮ →[Edit Map]을 클릭합니다.

2 로딩이 완료되기까지 조금 기다리면 해당 맵의 맵 메이커 화면이 나타납니다.

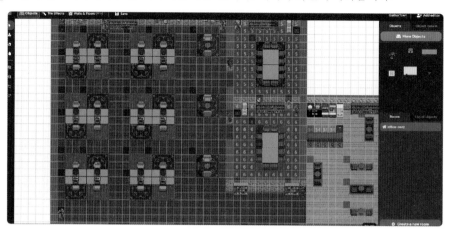

02 맵 메이커 구성 살펴보기

좌측 메뉴 살펴보기

❶ (단축키 V)는 오브젝트를 선택하고 이동합니다. 원하는 오브젝트를 클릭하여 이동하려는 위치까지 드래그하면 오브젝트가 해당 위치로 이동합니다.

❷ (단축키 B)는 오브젝트를 배치하는 기능입니다. 화면 우측 메뉴에서 추가할 오브젝트를 선택하고 맵에서 원하는 위치를 클릭하면 해당 위치에 오브젝트가 추가됩니다.

❸ (단축키 E)는 지우개 기능입니다. 지우개 기능을 활성화하고 오브젝트를 클릭하면 해당 오브젝트가 삭제됩니다.

❹ (단축키 H)는 맵 화면을 움직이는 기능입니다. 공간이 클 경우 화면에 모든 공간이 담기지 않기 때문에, 이 기능을 활성화하고 맵을 드래그하면 맵을 움직여 나머지 공간을 볼 수 있습니다.

❺ (단축키 G)는 여러 오브젝트 및 효과를 한 번에 선택하는 기능입니다. 원하는 구역을 드래그한 다음, 선택된 오브젝트들을 복사하거나 지울 수 있습니다

❻ (단축키 Ctrl+스크롤 업)는 확대, (단축키 Ctrl+스크롤 다운)은 축소 기능입니다. 현재 보이는 화면을 확대하거나 축소합니다.

❼ (단축키 Ctrl+Z)는 적용 내용 취소, (단축키 Ctrl+⇧Shift+Z)는 취소한 내용을 복구합니다.

상단 메뉴 살펴보기

맵 메이커 상단에는 [Objects](물체 설정), [Tile Effects](타일 효과 설정), [Walls & Floors](벽과 바닥 모양 설정) 메뉴가 있습니다. 메뉴를 선택하면 화면 우측에 해당 설정과 관련된 선택지가 나타납니다.

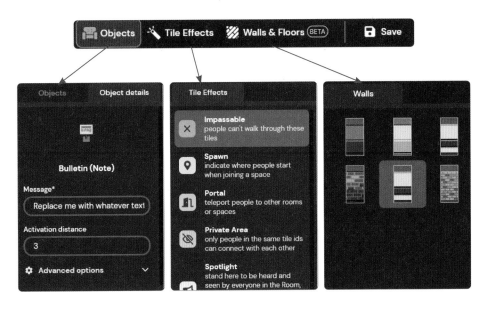

03 오브젝트로 맵 꾸미기

이제 본격적으로 나만의 공간을 만들어볼 시간입니다. 게더타운에서 제공하는 다양한 오브젝트를 공간에 추가하거나, 직접 제작한 이미지를 오브젝트로 배치할 수 있습니다. 또한 오브젝트에 다양한 상호작용을 추가하여 여러 기능을 구현해 보도록 하겠습니다.

1 화면 상단 메뉴에서 [Objects]를 클릭하고, 우측 메뉴에서 [Objects] 탭을 클릭하면 선택할 수 있는 오브젝트가 나열됩니다. 더 많은 오브젝트를 보고 싶다면 [More Objects]를 클릭합니다.

2 [More Objects]를 클릭하면 설정 창이 나타나고 좌측에 오브젝트 카테고리가, 중앙에는 그에 해당하는 다양한 오브젝트가 나타납니다. 원하는 오브젝트를 클릭하면 우측에서 해당 오브젝트에 대한 색상, 회전, 상호작용을 설정할 수 있습니다.

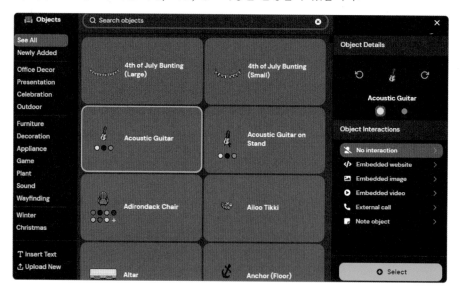

|잠|깐|만|요| **직접 제작했거나 소장한 이미지로 오브젝트를 만들 수 있나요?**

좌측 하단의 [Upload New]를 클릭하고 원하는 이미지를 화면으로 끌어서 옮기면 됩니다. 바닥 타일 하나의 사이즈가 32×32픽셀인 점에 유의하여 원하는 크기의 이미지를 준비합니다.

텍스트 오브젝트를 배치하고 싶다면 좌측 하단의 [Insert Text]를 클릭한 후, Insert text 칸에 원하는 텍스트를 입력합니다. 글자 크기를 조절하려면 우측 상단의 Font size(px) 란의 숫자를 변경합니다.

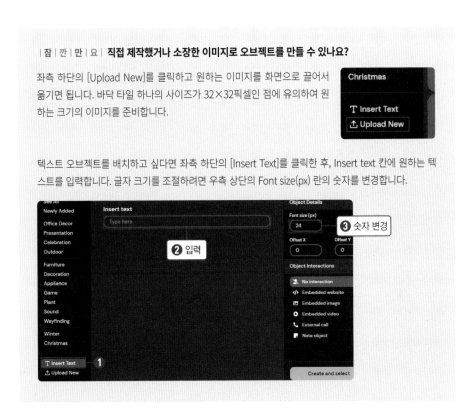

3 설정 창 우측 중앙에 Object Interactions라는 항목이 있습니다. 오브젝트와의 상호작용을 의미하며, 상호작용으로 웹사이트, 이미지, 영상, 전화 연결, 노트를 추가할 수 있습니다. 예시로 노트를 추가해 보겠습니다. [Note object]를 클릭하여 Message에 원하는 메시지를 적고, Activation distance에서 상호작용 발생 거리(단위는 타일 칸 수)를 정합니다. 설정을 마친 후 우측 하단의 [Select]를 클릭하면 오브젝트 설정이 완료됩니다.

4 원하는 타일을 클릭하면 해당 위치에 오브젝트
가 생성됩니다.

5 화면 상단의 [Save]를 클릭하고 공간에 들어가면 해당 오브젝트가 추가된 것을 확인할
수 있습니다.

└ 공간에 오브젝트가 추가된 모습

└ 단축키 X를 눌러 상호작용을 확인한 모습

04 공간에 기능을 부여하는 타일 효과

맵을 제작하려면 지나가지 못하도록 막힌 공간, 입장 시 시작 장소, 다른 방으로 이동, 소회의실, 전체 공지 같은 여러 기능이 필요합니다. 게더타운에서 제공하는 타일 효과를 이용하면 이러한 기능들을 쉽게 설정할 수 있습니다.

무작정 따라하기 07 타일 효과 알아보기 ────────

1 화면 상단의 [Tile Effects]를 클릭하면 우측에 다양한 타일 효과가 나타납니다. 최상단에 위치한 Impassable은 캐릭터가 지나갈 수 없는 타일을 의미합니다. 의도하지 않은 지역으로 캐릭터가 가지 못하도록 벽을 만들 때 사용합니다. Impassable로 지정된 타일은 빨간색으로 표시됩니다.

 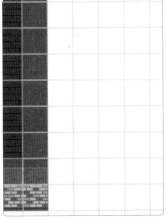

2 Spawn은 캐릭터가 입장했을 때 처음 시작 위치를 의미합니다. 공간에 입장하는 캐릭터들이 동일한 곳에서 시작하도록 유도하기 위해 사용합니다. Spawn으로 지정된 타일은 초록색으로 표시됩니다.

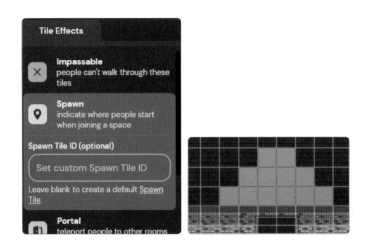

| 잠 | 깐 | 만 | 요 | **Spawn Tile ID는 언제 사용하나요?**

Spawn Tile ID 항목에 고유 키워드를 입력하면 기본 Spawn 타일 효과가 아닌, 커스텀 Spawn 타일 효과
가 생성됩니다. 커스텀 Spawn 타일 효과는 회의나 모임 같은 특정한 이벤트를 게더타운 내의 캘린더 기
능으로 생성하고, 해당 이벤트의 시작 위치를 지정할 때 사용됩니다.

3 Portal은 다른 곳으로 순간이동 할 수 있는 타일 효과입니다. 같은 공간의 다른 방으로
이동하거나, 아예 다른 공간으로 이동하도록 유도하는 용도로 사용됩니다. Portal로 지
정된 타일은 파란색으로 표시됩니다.

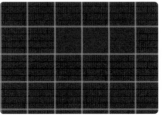

4 기존 템플릿을 맵 메이커로 수정하다 보면 숫자가 적혀 있는 타일들을 볼 수 있습니다. Private Area 효과가 적용된 것으로, 타일 ID가 동일한 곳에 있는 사람끼리만 대화할 수 있습니다. 타일 ID는 Area ID에 입력하며, 숫자와 문자 모두 사용 가능합니다. 소회의실같이 특정한 장소에서만 서로 대화할 수 있도록 설정할 때 사용합니다.

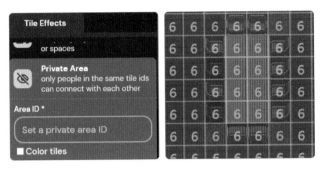

5 같은 공간에 있는 모든 사람에게 목소리로 공지할 때 Spotlight 타일 효과가 유용합니다. Spotlight 효과가 지정된 타일 위에 캐릭터가 서 있으면 해당 캐릭터의 목소리가 맵 전체에 전달됩니다. 행사의 진행자 자리를 만들 때 사용할 수 있습니다. Spotlight 효과가 적용된 타일은 주황색으로 표시됩니다. Spotlight를 통해 최대 100명에게 전달할 수 있다는 점에 유의합니다.

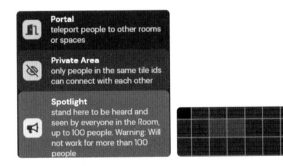

|잠|깐|만|요| **타일 효과는 어떻게 제거하나요?**

오브젝트는 지우개 기능으로 바로 삭제할 수 있는 반면, 타일 효과는 먼저 화면 우측에서 제거하려는 타일 효과를 지정한 후 지우개 기능으로 제거합니다.

같은 공간의 다른 방으로 이동하기

1 같은 공간 내의 다른 방으로 텔레포트하는 포털을 만들기 위해 먼저 방을 추가합니다. 맵 메이커 화면 우측 중앙에 있는 [Rooms] 탭을 누르면 현재 존재하는 방을 확인할 수 있습니다. 새로운 방을 추가하기 위해서 [Create a new room]을 클릭합니다.

2 방 목록에 새로운 칸이 추가됐습니다. 방 이름을 입력하고 Enter 키를 누릅니다.

3 새로운 방을 어떻게 생성할지를 선택합니다. 첫 번째는 아무것도 없는 빈 방, 두 번째는 기존의 템플릿에서 선택, 세 번째는 전에 만든 다른 공간의 방을 그대로 복사하여 생성합니다. 여기에서는 두 번째 옵션인 템플릿에서 골라 보도록 하겠습니다.

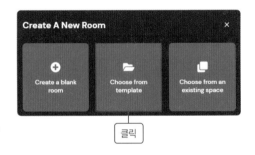

4 이용할 수 있는 템플릿 목록이 나타납니다. 원하는 템플릿을 클릭하면 방이 생성됩니다.

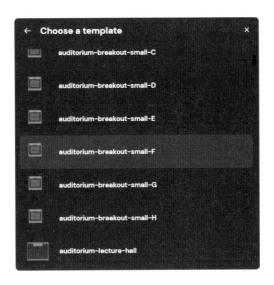

5 이제 기존 방에서 새로운 방으로 이동하는 포털을 설치해 보겠습니다. 화면 우측 하단의 방 목록에서 기존 방 이름을 클릭한 다음, 상단의 [Tile Effects]를 클릭하고, 우측의 [Portal]을 선택합니다. 이제 포털을 설치할 위치를 클릭합니다.

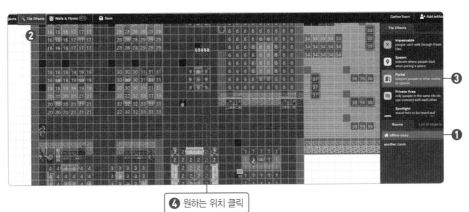

❹ 원하는 위치 클릭

6 포털을 어디로 연결할지 묻는 창이 나타납니다. [Portal to a room]은 같은 공간의 다른 방으로, [Portal to another space]는 아예 다른 공간으로 연결하는 포털을 생성합니다. 여기서는 [Portal to a room]을 고르겠습니다. 선택하고 나면 방 목록이 나타나며, 이동하려는 방을 클릭합니다.

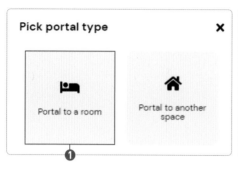 

7 새로운 방에서 도착 지점을 지정하면 포털 설치가 완료됩니다. 포털은 단방향이기 때문에 돌아가는 포털을 원한다면 같은 방식으로 원래 방으로 돌아가는 포털을 만들면 됩니다.

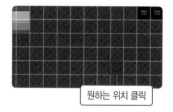

원하는 위치 클릭

무작정 따라하기 09 다른 공간으로 이동하기

1 다른 공간으로 연결되는 포털을 만들기 위해서는 공간의 사이트 주소가 필요합니다. 전에 방문했던 공간이라면 게더타운 홈에서 공간 우측 하단의 ⋮ 버튼을 클릭하고 [Copy URL]을 클릭하면 사이트 주소가 복사됩니다.

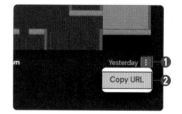

2 내 공간의 맵 메이커로 돌아가서 화면 상단의 [Tile Effects]를 클릭하고 [Portal] 타일 효과를 선택한 후, 포털을 설치할 타일 위치를 클릭하면 앞의 과정 6에서 봤던 창이 나타납니다. 이번에는 다른 공간으로 연결하기 위해 오른쪽의 [Portal to another space]를 클릭합니다.

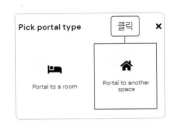

3 이동할 공간의 주소를 입력하는 창이 나타납니다. 복사해 둔 주소를 붙여넣기 한 후 [CONFIRM]을 클릭하면 포털 적용이 완료됩니다.

4 설치한 포털을 통해 다른 공간으로 이동해 보겠습니다. Portal 타일 효과가 적용된 위치로 가면 다른 공간으로 이동한다는 안내 창이 나타납니다. Enter 키를 눌러 이동합니다.

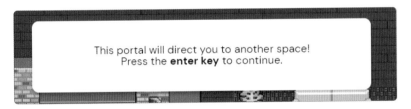

5 잠시 기다리면 처음 공간에 입장할 때 봤던 기본 설정 창이 나타납니다. 캐릭터, 오디오, 카메라 설정을 확인한 후에 [Join the Gathering]을 클릭합니다.

03 나만의 실전 맵 제작하기

01 어떤 맵을 만들지 구상하기

맵 제작에 들어가기 전에 어떤 맵을 만들지 미리 생각해 두면 제작이 훨씬 수월해집니다. 일반적으로 고려해야 할 사항으로는 맵의 사용 용도, 사용 인원, 필요한 기능, 맵 콘셉트 등이 있습니다. 아래의 내용을 참고하여 어떤 맵을 만들지 구상해 봅시다.

❶ 맵은 회사 사무실, 행사 장소 등 다양한 용도로 사용될 수 있습니다. 용도에 따라 전체적인 맵 구상 방향이 정해지기 때문에 어떤 용도로 사용할지 미리 생각해야 합니다.

❷ 사용 인원에 따라 맵의 규모 및 게더타운의 요금제를 결정하게 됩니다. 게더타운은 현재 25명까지 무료로 사용 가능하고 그 이상은 유료로 전환됩니다. 유료 요금제의 경우 500명까지 동시 접속이 가능하며 2시간, 하루, 한 달 요금제를 제공합니다. 따라서 유료 요금제를 사용한다면 공간의 활성 기간에 대해서도 결정해야 합니다.

└ 게더타운의 유료 요금제

❸ 맵에 구현할 핵심 기능들을 미리 생각해 두면 기능 추가를 잊어버려 추후에 맵을 수정해야 하는 사태를 사전에 방지할 수 있습니다. 우선순위가 높은 기능부터 추가하여 작업 효율을 끌어올립니다.

❹ 맵 콘셉트는 이미지 준비, 템플릿 결정 등을 위해 필요합니다. 이미지를 직접 제작하면 시간이 많이 소요되기 때문에, 한번 결정하면 다시 바꾸는 일이 없도록 미리 준비하는 것이 좋습니다.

앞서 언급한 내용을 적용하여 제작할 맵에 대해 구상한 내용을 정리한 예시입니다.

사용 용도	디지털배움터 전시회 개최
사용 인원	20명 내외
핵심 기능	발표용 단상, 교육 영상 유튜브 시청, 방명록, 디지털배움터 포스터 공유
맵 콘셉트	커피숍 느낌의 로비, 아늑한 분위기의 강당

맵 구상을 마쳤으니 이제부터 디지털배움터 전시회 맵을 제작해 봅시다. 디지털배움터 전시회 맵 제작에 사용된 이미지들은 QR 코드 또는 링크에서 확인할 수 있습니다.

링크 : http://gilbut.co/c/22075646cI

02 디지털배움터 전시회 맵 제작하기

디지털배움터 전시회 맵은 로비, 강당, 체험관으로 구성됩니다. 로비는 포스터를 이용하여 각종 정보를 제공하며 다른 방으로 이동하는 확장성을 지닌 공간입니다. 강당에서는 사람들이 발표자의 말을 들을 수 있도록 하고, 체험관에서는 영상 링크를 공유해 보겠습니다.

무작정 따라하기 10 로비 제작하기

1 맵 제작을 위해 새 공간을 만들고, 템플릿 선택 창으로 이동합니다. 로비 콘셉트를 커피숍으로 잡았기 때문에 게더타운에서 제공하는 템플릿 중 [Coffee Shop]을 선택합니다.

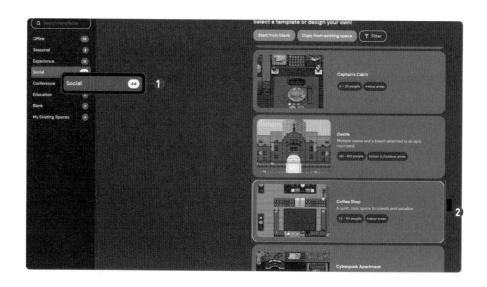

2 생성한 공간에 접속하고 하단의 ⤢를 클릭한 다음, [Edit in Mapmaker]를 클릭하여 맵 메이커로 이동합니다.

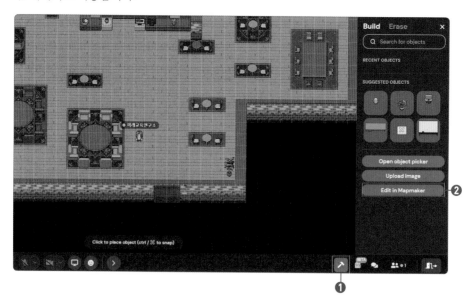

3 필요 없는 오브젝트를 제거합니다. 화면 좌측의 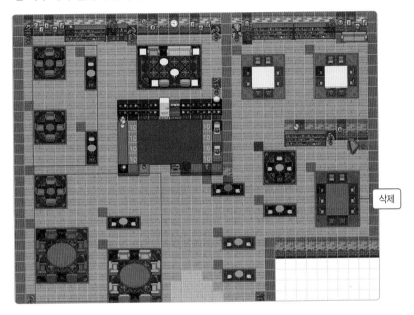 버튼을 누르거나, 단축키 E 를 누르면 지우개가 활성화됩니다.

삭제

4 오브젝트 자리에 남은 타일 효과도 제거합니다. 화면 상단의 [Tile Effects](단축키 2)를 클릭하고 지우려는 타일 효과를 선택한 후, 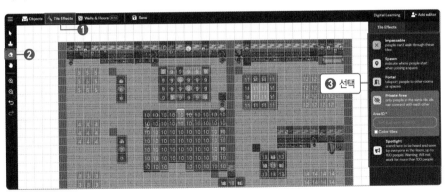(단축키 E)를 눌러 타일 효과를 지웁니다.

❸ 선택

> **Tip**
> 화면 좌측의 ▦(단축키 G)를 클릭하고 맵의 지울 부분을 드래그한 뒤 [Erase selected]를 클릭하면 오브젝트와 타일 효과를 한 번에 삭제할 수 있습니다.

5 하단에 있는 문과 Spawn 타일 효과를 좌측으로 옮기고, Impassable 타일 효과도 다시
설정해 보겠습니다.

❶ 상단의 [Objects](단축키 `1`)를 클릭하고 좌측의 🢒 (단축키 `V`)를 누른 후, 문 오브젝트를 끌
어서 왼쪽으로 옮깁니다.

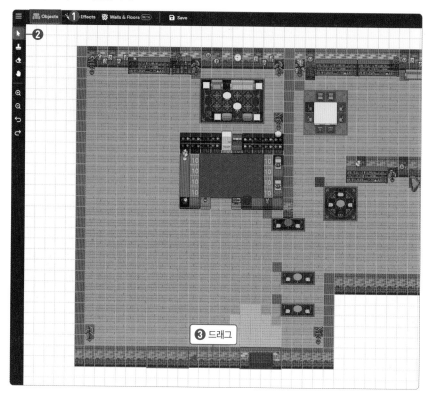

❷ 기존의 문 자리 쪽에 있던 Spawn 타일 효과를 삭제하고, 옮긴 문 자리 부근에 Spawn 타일 효과
를 새로 적용합니다.

❸ 기존 문 자리는 이제 벽이 되었으니 Impassable 타일 효과를 적용하고, 옮긴 문 위치에는 캐릭
터가 들어갈 수 있도록 Impassable 타일 효과를 제거합니다.

6 새로운 문 3개를 추가해 보겠습니다. Doorway(2-wide) 오브젝트를 검색하여 선택하고, 설정 창 우측 Object Details 탭에서 문이 놓이는 위치에 맞춰 문 모양을 회전시킵니다. 문을 설치한 후에는 문 자리의 Impassable 타일 효과를 삭제합니다.

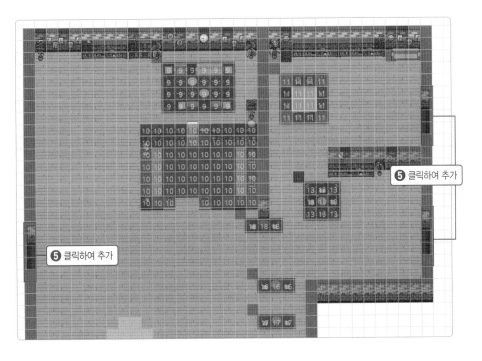

7 문 앞에 안내 문자를 추가해 보겠습니다. 외부 프로그램으로 만든 텍스트 오브젝트는, 화면 상단의 [Objects]→우측 [Objects] 탭→[More Objects]를 클릭하면 나타나는 설정 창 좌측 하단의 [Upload New]를 클릭하여 이미지 파일로 업로드합니다. 같은 방법으로 로고도 추가합니다.

> **Tip** 게더타운에서 제공하는 텍스트 오브젝트는 색상 변경이 불가능하므로 외부 프로그램으로 제작하기를 추천합니다. 한 칸의 크기가 32×32픽셀인 점을 명심하세요!

현재까지 진행 상황은 아래와 같습니다. 문 앞의 화살표는 Arrow(Chalk) 오브젝트를 추가한 것으로, 화살표를 원하는 방향으로 회전하여 배치합니다.

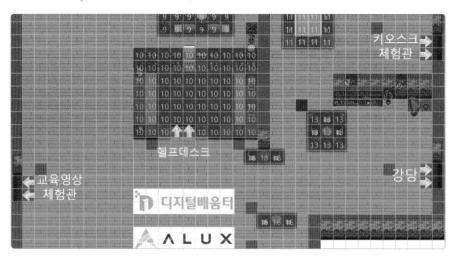

8 이번에는 Spawn 타일 좌측에 방명록을 설치해 보겠습니다. 방명록은 게더타운 오브젝트 Backdrop 위에 글씨를 얹은 형태로 제작했습니다. 방명록은 상호작용 기능으로 방명록 사이트와 연결되어야 합니다. 우선 방명록 사이트부터 제작하겠습니다.

❶ 포털 사이트에서 Padlet을 검색하거나 ko.padlet.com에 접속하여 회원가입을 진행합니다. Padlet은 기본적으로 게시글 3개를 무료로 제공합니다. Padlet에 로그인한 후, 우측 상단의 [Padlet 만들기]를 클릭합니다.

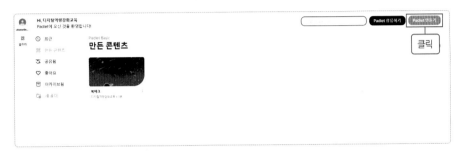

❷ 원하는 양식을 선택하면 Padlet이 생성되고 우측에 설정 창이 열립니다. 제목, 설명, 비주얼 등을 설정하고 우측 상단의 [다음] 또는 [저장]을 클릭하면 Padlet 설정이 완료됩니다. Padlet 설정 창 중앙의 [클립보드에 복사]를 클릭하여 링크를 복사합니다.

❸ 방명록을 설치하고 링크를 연결하겠습니다. 방명록은 앞선 오브젝트들과 달리, 텍스트 이미지 오브젝트를 다른 오브젝트 위에 겹쳐 배치하는 구조로 만듭니다. Backdrop 오브젝트를 선택하고 Object Interactions에서 [Embedded website]를 선택한 후, 미리 복사해 둔 링크를 붙여넣기합니다. [Select]를 눌러 설정을 완료합니다.

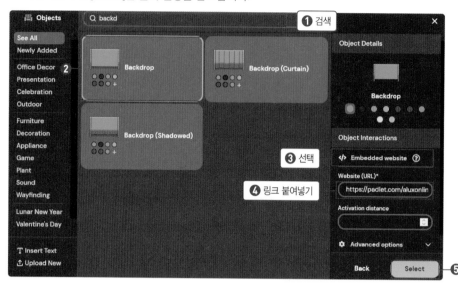

❹ Backdrop 오브젝트 위에 동일한 크기로 '방명록'이라는 텍스트 이미지 오브젝트를 만들어 겹쳐 배치하고, 캐릭터가 지나가지 못하도록 Impassable 타일 효과를 적용합니다. 작업 틈틈이 저장하는 습관 잊지 마세요!

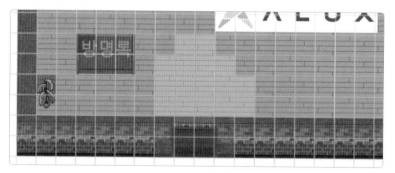

9 마지막으로 포스터를 추가할 차례입니다. 포스터에 상호작용을 추가하여 포스터 원본 이미지를 보여줄 수 있습니다. 우선 포스터 이미지를 오브젝트로 업로드한 다음, 우측의 상호작용 옵션에서 [Embedded image]를 선택하고 Image와 Preview image에 포스터 원본을 첨부하면 됩니다.

Ch. 2 게더타운

> **Tip** Image는 상호작용을 통해 사용자가 접하게 될 이미지, Preview image는 오브젝트에 가까이 가면 상호작용 전에 미리보기로 보이는 이미지를 뜻합니다.

사람이 포스터를 뚫고 지나가지 못하도록 이미지 오브젝트 부분에 Impassable 타일 효과를 입혀줍니다. 같은 방식으로 나머지 포스터도 추가하면 로비 외관이 완성됩니다.

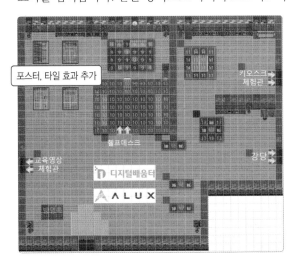

177

1 강당으로 사용할 새로운 방을 생성합니다. 맵 메이커 우측 중앙 [Rooms] 탭 하단의 [Create a new room]을 클릭하여 방 이름을 입력한 후 Enter 키를 누릅니다. 게더타운에서 제공하는 템플릿을 사용하기 위해 [Choose from template]을 클릭하고 리스트 하단에 있는 speakeasy 템플릿을 선택합니다.

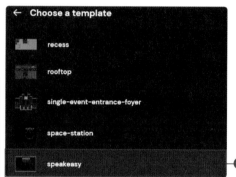

2 앞서 로비를 만들 때처럼 사용하지 않는 오브젝트와 타일 효과를 정리합니다.

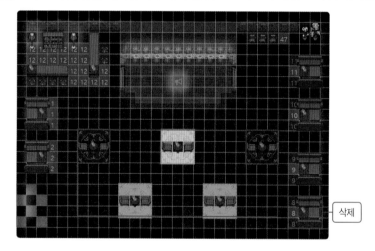

3 Speakeasy 템플릿에는 조명 느낌으로 Foreground 이미지가 사용되어 있습니다. 이로 인해 조명 주변과 밝기 대비가 심하므로 여기에서는 제거하도록 하겠습니다. 좌측 상단의 ▤ 버튼을 클릭한 후, [Background & Foreground]→[Upload Foreground]를 선택합니다.

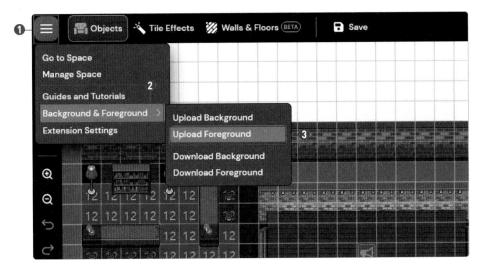

[Remove Foreground]를 클릭하면 적용된 Foreground 이미지가 제거됩니다.

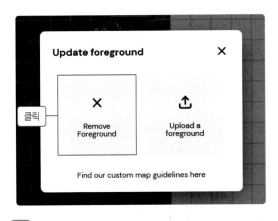

> **Tip** 새로운 Foreground 이미지를 적용하려면 우측의 [Upload a foreground]를 클릭하고 원하는 이미지를 선택하세요.

4 강당 중앙에 관객이 앉을 의자를 배치할 차례입니다. Adirondack Chair 오브젝트를 선택하여 방향은 발표자를 바라볼 수 있도록 두 번 회전시키고, 색을 빨간색으로 변경합니다. [Select]를 눌러 설정을 완료합니다.

의자 오브젝트를 아래와 같이 배치합니다.

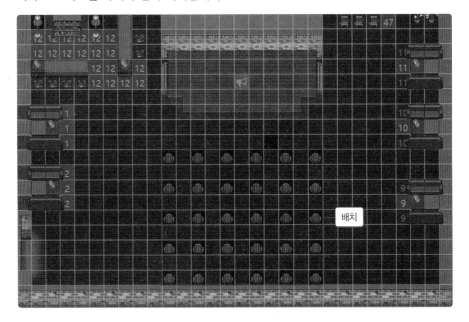

5 방 입장 시 시작점인 Spawn 타일 효과와 로비로 연결되는 Portal 타일 효과를 추가하겠습니다. 우선 맵 좌측 하단의 문 주변에 Spawn 타일 효과를 적용해 줍니다.

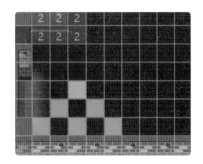

문 옆쪽 벽에 Impassable 타일 효과를 하나 적용하고, 문에는 로비로 향하는 Portal 타일 효과를 적용합니다. [Portal to a room]을 클릭하고 로비를 선택합니다. 도착 위치는 강당으로 가는 문 옆으로 설정합니다.

강당에서 로비로 가는 포털을 추가한 것처럼, 로비에서 강당으로 오는 포털도 추가합니다.

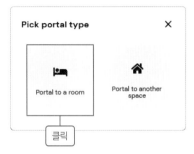

포털 적용까지 완료되면 다음과 같은 강당이 완성됩니다.

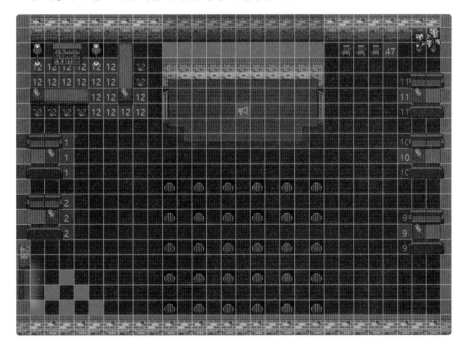

1 빈 방을 생성하여 방 이름을 '교육 영상 체험관'
으로 설정합니다. 직접 벽과 바닥을 추가할 계획
이므로 [Draw your own background]를 클릭
합니다.

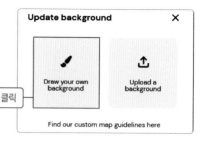

2 우선 벽부터 추가해 보겠습니다. 방 전체 크기는 가로 32칸, 세로 26칸입니다. 우측에서
벽 모양을 선택하고 직선으로 드래그하여 추가합니다. 이때 벽을 한 면씩 추가해 줍니다.

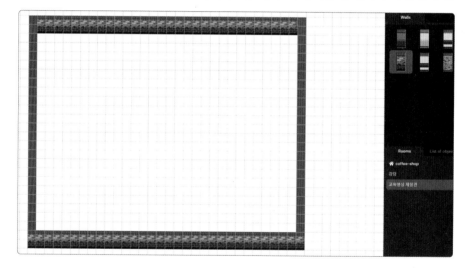

> |잠|깐|만|요| **벽 4개 면을 드래그 한 번으로 추가할 수 없나요?**
>
> 벽은 바닥처럼 방 전체 크기를 사각형 모양으로 한 번에 드래그하여 설정하는 것이 아니라, 가로 벽과 세
> 로 벽을 각각 추가해야 합니다. 한 번에 추가하면 가운데가 임의의 색으로 설정되고 바닥 타일 적용이 불
> 가능합니다.

3 벽으로 둘러싼 공간에 바닥을 적용합니다. 화면 상단의 [Floors]를 클릭하거나 단축키 ②를 눌러 바닥 타일 모드를 활성화하고, 우측 메뉴에서 타일을 골라 맵의 빈 공간을 사각형 모양으로 드래그해서 추가합니다. 적용을 끝낸 후 상단의 [Done]을 클릭하여 설정을 완료합니다.

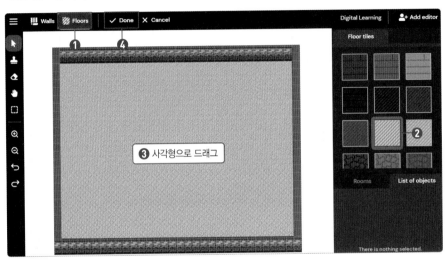

4 문을 설치하고 문에 Portal 타일 효과를 적용하겠습니다. Doorway 오브젝트를 반시계 방향으로 90도 회전시켜 우측 하단 벽에 추가합니다.

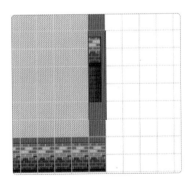

문에 로비로 이동하는 Portal 타일 효과를 적용합니다. 도착 타일은 교육 영상 체험관으로 가는 문 옆으로 하겠습니다. 동일한 방법으로 로비에서 교육 영상 체험관으로 오는 Portal 타일 효과도 추가합니다.

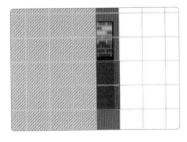

5 벽에 Impassable 타일 효과를 추가하고, 문 주변에는 Spawn 타일 효과를 추가해 줍니다.

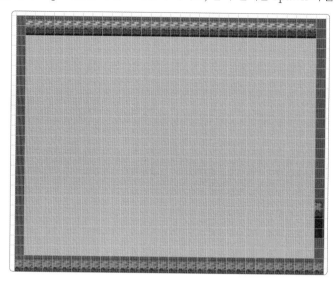

6 영상을 시청할 컴퓨터 오브젝트를 추가합니다.

❶ 먼저 책상으로 Cyberpunk Desk 오브젝트를, Backdrop 오브젝트는 색상을 흰색으로 변경하여 추가합니다.

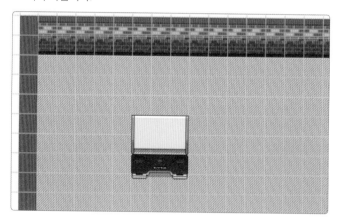

❷ 책상 위에 컴퓨터 오브젝트를 추가하고 상호작용으로 유튜브 영상을 첨부할 차례입니다. 오브젝트에 유튜브 영상을 첨부하려면 해당 유튜브 링크가 필요합니다. 예를 들어, 공유하려는 유튜브 영상에 들어가서 주소를 복사하면 다음과 같은 형태일 것입니다.

https://www.youtube.com/watch?v=tHk_lKMd860

이 주소를 [Embedded video]에 추가하면 해당 영상이 오브젝트에 첨부됩니다. 하지만 이렇게 첨부한 영상은 재생과 일시정지만 가능합니다.

❸ 유튜브의 다양한 옵션을 사용하기 위해서는 [Embedded website]로 링크를 추가해야 하며, 이때 위 주소를 그대로 사용하는 것이 아니라 약간의 수정이 필요합니다. 위 주소에서 v= 이후에 있는 tHk_lKMd860이 유튜브 영상 고유 코드입니다. 주소를 다음과 같은 형태로 변형해서 Website(URL) 칸에 추가합니다.

https://youtube.com/embed/(유튜브 영상 고유 코드)

위의 예시로 적용하면 https://youtube.com/embed/tHk_lKMd860이 됩니다. 이렇게 링크를 추가하면 유튜브의 여러 기능을 정상적으로 이용할 수 있습니다.

❹ 컴퓨터 오브젝트는 Desktop Computer이며 흰색 색상을 사용했습니다. 오브젝트 상호작용 설정을 완료하고 책상 위에 겹쳐 배치합니다.

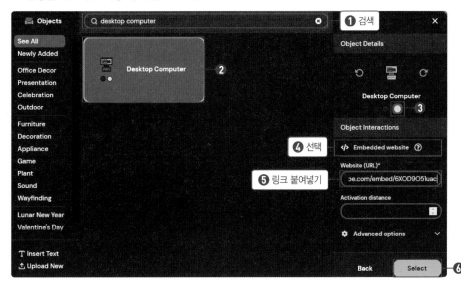

| 잠 | 깐 | 만 | 요 | **오브젝트 위치를 세밀하게 조정하고 싶어요**

컴퓨터 오브젝트를 배치할 때 키보드가 책상 밖으로 튀어나오지 않도록 조금만 위로 올리고 싶다면 화면을 확대하고 오브젝트를 이동합니다. 한 칸씩 이동하지 않고 조금만 이동시킬 수 있습니다.

7 섬네일을 이미지 오브젝트로 업로드하고, Backdrop 오브젝트 위에 겹쳐 배치합니다.

> **Tip** 유튜브 섬네일 이미지를 직접 만들 때는 포토샵을 이용해서
> 유튜브 섬네일 비율을 유지한 채 세로를 48픽셀로 줄입니다. 유
> 튜브 섬네일이 1280×720픽셀이라면, 가로가 85픽셀로 줄어듭
> 니다. 줄인 이미지를 가운데에 그대로 유지하되 가로가 96픽셀이
> 되도록 투명한 픽셀을 추가해 주면 Backdrop 오브젝트의 네모
> 패널에 알맞게 들어갑니다.

같은 과정으로 오브젝트들을 추가하면 다음과 같습니다.

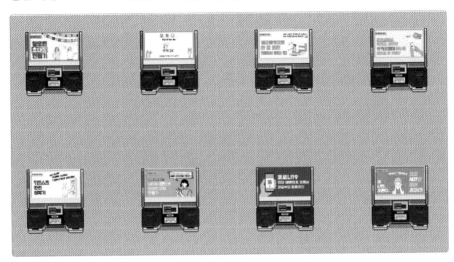

8 맵 하단에 홈페이지 홍보 배너를 추가해 보겠습니다. 먼저 Backdrop 오브젝트를 추가한 후, 새로운 오브젝트로 배너 이미지를 업로드하여 Backdrop 위에 겹쳐 배치합니다. 배너 이미지에 상호작용으로 [Embedded image]를 선택하여 Image와 Preview image 칸에 소개할 이미지를 첨부합니다.

Backdrop 위에 배너 이미지 오브젝트를 배치하면 다음 화면과 같습니다.

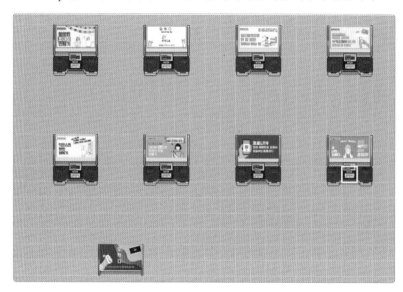

9 맵 좌측 하단에 안내원이 위치할 헬프데스크를 만들어보겠습니다. Bar(Right Hook) 오브젝트를 시계 방향으로 90도 회전하고, 연한 갈색으로 설정합니다.

Bar 오브젝트 위쪽에 '헬프데스크' 텍스트 이미지 오브젝트를 배치합니다.

10 캐릭터가 헬프데스크와 컴퓨터를 밟고 지나가지 못하도록 Impassable 타일 효과를 적용합니다. 또한 꽃, 서랍, 의자 등 여러 오브젝트를 활용하여 방을 자유롭게 꾸며줍니다.

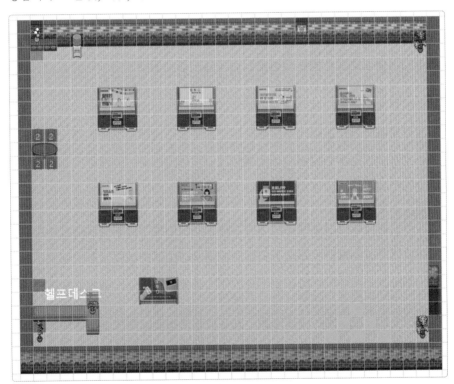

189

CHAPTER

코스페이시스 (CoSpaces)

3

01 코스페이시스 시작하기

01 코스페이시스란 무엇인가?

코스페이시스 에듀는 독일의 스타트업 기업에서 만든 웹 기반 프로그램입니다. 코스페이시스에서 제공하는 다양한 오브젝트와 캐릭터를 이용하여 나만의 가상현실을 만들 수 있습니다. 지금부터 단순한 콘텐츠 소비자에서 벗어나 코스페이시스라는 가상현실 제작 프로그램을 활용하여 나만의 상상력을 담은 콘텐츠를 직접 만들어보겠습니다. 또한 다른 이용자와 이를 공유하고 소통하며 메타버스라는 공간을 좀 더 깊게 이해해 보도록 합니다.

무작정 따라하기 01 코스페이시스 계정 만들기 ━━━━

1 크롬 브라우저를 열고 주소창에 '코스페이시스 에듀' 또는 cospaces.io/edu를 입력합니다.

> **Tip** 코스페이시스 에듀는 크롬에 최적화되어 있기 때문에 사용상 오류를 줄이기 위해 크롬 브라우저를 사용하는 것이 좋습니다.

2 홈페이지 우측 상단의 [Register]를 클릭하여 계정 등록을 시작합니다.

3 [선생님]을 선택하여 교사 계정을 만듭니다. 선생님 계정은 18세 이상만 만들 수 있습니다.

4 계정 사용과 관련된 이용약관에 동의 후 계정을 만들기 위한 정보를 입력합니다. 구글, 애플, 마이크로소프트 계정이 있다면 해당 계정을 이용하여 간편하게 가입할 수 있습니다. 여기에서는 구글 계정으로 가입해 보겠습니다.

5 마무리 단계에서 지메일을 열어 CoSpaces Edu에서 보낸 메일을 확인합니다. [Confirm email]을 클릭하여 가입을 마무리합니다.

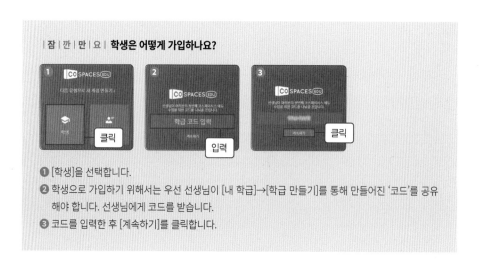

|잠|깐|만|요| **학생은 어떻게 가입하나요?**

❶ [학생]을 선택합니다.
❷ 학생으로 가입하기 위해서는 우선 선생님이 [내 학급]→[학급 만들기]를 통해 만들어진 '코드'를 공유
해야 합니다. 선생님에게 코드를 받습니다.
❸ 코드를 입력한 후 [계속하기]를 클릭합니다.

무작정 따라하기 02 　프로 체험판 활성화하기

1 코스페이시스에 로그인 후 30일 무료 체험판을 활성화합니다. 우선 좌측 하단의 [프로
로 업그레이드하기]를 클릭합니다.

> **Tip**
> 코스페이시스의 무료 계정은 프로젝트, 학급, 학생 좌석, 과제 그리고 오브젝트와 코딩 사용에 제한적입니다.
> 그러나 프로 체험판 활성화를 통해 코스페이시스 유료 계정의 다양한 기능을 접해볼 수 있습니다. 간단한 체험만을
> 원한다면 프로로 계정을 전환하지 않아도 됩니다.

2 '코스페이시스 에듀 프로 갖기'의 맨 오른쪽 메뉴인 [체험판 활성화하기]를 클릭합니다.

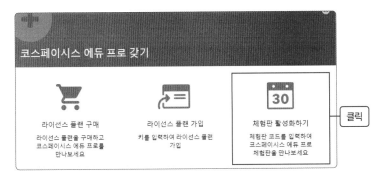

3 체험판 코드 입력란에 COSTEAM을 입력하고 [체험판 활성화하기]를 클릭하여 30일 무제한 프로 체험판을 활성화합니다. 이제 멀지 큐브 추가 기능을 포함한 프로 계정으로 100개 좌석을 30일간 사용할 수 있습니다.

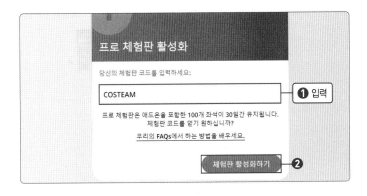

|잠|깐|만|요| **체험판 코드는 이렇게 받을 수 있어요!**

체험판 코드는 COSTEAM 외에도 COSProTrial 또는 코스페이시스 에듀의 앰배서더가 제공하는 체험판 코드를 사용할 수 있습니다. 앰배서더가 제공하는 체험판 코드는 앰배서더의 트위터를 통해 얻을 수 있습니다. 화면 상단 메뉴 중 [Ambassadors]를 선택한 후 각 나라의 국기를 클릭하면 해당 나라 앰배서더의 트위터로 연결됩니다.

코스페이시스 화면 메뉴 알아보기

❶ 다른 사용자가 만든 작품을 탐색하거나 가져와 리믹스할 수 있습니다.

❷ 선생님이 공유한 과제물을 확인합니다.

❸ 자유롭게 코스페이스 작품을 만들고 체험합니다.

❹ 완성된 파일을 저장하여 보관합니다.

❺ 클릭하여 새 코스페이스를 만들 수 있습니다.

❻ 코스페이스를 복사, 삭제하거나 저장 장소와 이름을 변경할 수 있습니다.

스페이스 만들기

1 왼쪽 메뉴에서 [내 코스페이스]를 선택하고 [코스페이스 만들기]를 클릭합니다.

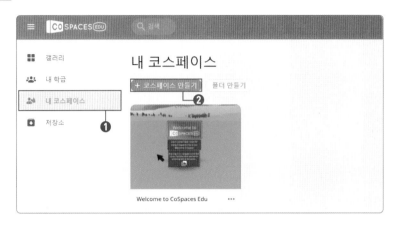

2 코스페이시스 에듀에서 제공하는 3D 환경의 다양한 탬플릿을 이용하여 장면을 만들 수 있습니다. 빈 장면 [Empty scene]을 선택합니다.

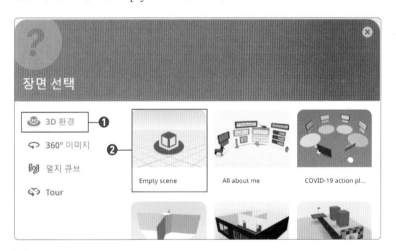

> **Tip**
> • 3D 환경 : 가상현실이나 증강현실을 작업할 수 있습니다.
> • 360° 이미지 : 360°로 촬영된 이미지를 감상할 수 있는 가상현실을 제작합니다.
> • 멀지 큐브 : 증강현실 멀지 큐브 작품을 만들고 감상할 수 있습니다.
> • Tour : 360° 사진을 활용한 가상현실을 좀 더 쉽게 제작할 수 있습니다.
> * 일부 기능은 프로 계정에서만 사용 가능합니다.

|잠|깐|만|요| **스페이스의 구성 및 기능**

❶ **장면** : 새로운 장면을 만들거나 만들어진 장면의 목록을 확인합니다.

❷ **불러온 오브젝트 정보** : 목록에서 오브젝트를 선택하면 해당 오브젝트의 위치가 표시됩니다.

❸ **라이브러리** : 코스페이시스에서 기본적으로 제공하는 오브젝트를 가져올 수 있습니다. 원하는 오브젝트를 찾아 선택한 뒤 스페이스로 드래그하여 가져옵니다.

❹ **업로드** : 코스페이시스에서 제공하지 않는 이미지, 3D 모델, 비디오, 소리 등을 업로드할 수 있습니다.

❺ **배경** : 스페이스의 배경, 화면 색상, 공간의 효과, 바닥 및 배경 음악 등을 설정할 수 있습니다.

❻ **플레이** : 자신이 만든 작품을 실행합니다.

3 좌측 하단의 [배경]을 클릭하여 스페이스의 배경을 설정합니다.

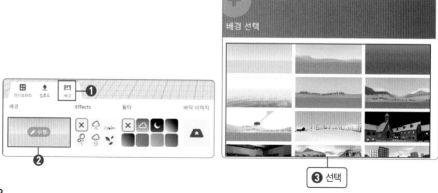

오브젝트 선택하고 추가하기

스페이스에 놓여 있는 3D 개체를 오브젝트라고 합니다. 코스페이시스 에듀 라이브러리에서 다양한 종류의 오브젝트를 선택하여 작품 제작이 가능합니다. 화면 좌측 하단의 [라이브러리]를 클릭하여 오브젝트를 선택할 수 있습니다. 원하는 오브젝트를 드래그하여 스페이스로 옮깁니다.

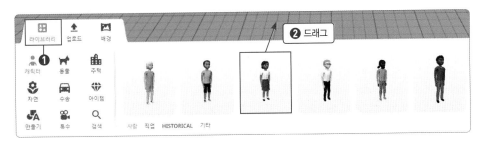

오브젝트의 배치와 편집을 위해서는 화면을 능숙하게 이동하고 조작할 수 있어야 합니다. 스페이스 속에서 화면을 확대, 축소하거나 화면의 방향 및 중심을 이동해 보겠습니다.

무작정 따라하기 04 화면 자유자재로 이동하기

1 화면 좌측 하단의 [라이브러리]→[동물]에서 '개'를 스페이스로 드래그합니다.

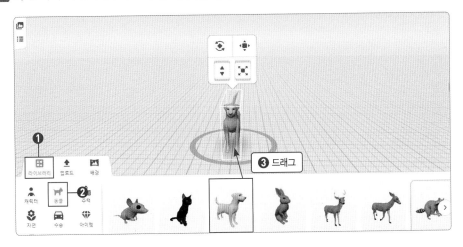

2 화면 확대 · 축소 : 마우스 휠을 움직이거나 키보드의 ⊞, ⊟ 키로 화면을 확대, 축소합니다.

└ 화면 확대 : 스크롤 업, 또는 ⊞ 키 누르기   └ 화면 축소 : 스크롤 다운, 또는 ⊟ 키 누르기

3 화면 방향 이동 : 현재 화면의 중심을 기준으로, 바라보는 방향을 변경합니다. 마우스로 화면을 드래그하거나 방향키를 이용하여 원하는 방향으로 이동합니다.

 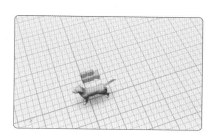

└ 아래쪽으로 드래그, 또는 키보드 ↑ 키 누르기

4 화면 중심 이동 : 현재 화면의 중심을 변경합니다. Spacebar를 누른 채로 화면을 드래그 하여 화면의 중심을 이동합니다.

└ Spacebar + 오른쪽으로 드래그

02 쥐라기 공원 만들기

01 배경 만들고 공룡 배치하기

나만의 스페이스를 만드는 과정을 통해 코스페이시스의 기본 메뉴를 익혀봅니다. 3D 환경에서 새로운 장면과 오브젝트를 추가하고 오브젝트의 다양한 기능과 설정 방법을 익혀 가상현실에서 움직이는 쥐라기 공원을 만들어보겠습니다.

무작정 따라하기 05) 장면과 오브젝트 추가하기

1 홈 화면 좌측의 [내 코스페이스]에서 [코스페이스 만들기]를 클릭하고 [Empty scene]을 선택합니다.

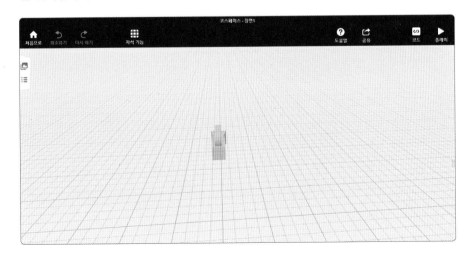

2 좌측 하단의 [배경]→[수정]을 클릭하고 원하는 배경을 선택합니다.

3 [라이브러리]→[동물]에서 공룡 오브젝트들을 추가합니다.

오브젝트 조정하기

오브젝트를 클릭하면 4가지 모드가 나타납니다. 이를 이용하여 오브젝트 회전, 이동, 크기 변경 등이 가능합니다.

❶ 회전 모드 : X, Y, Z축을 기준으로 오브젝트의 방향을 바꿉니다.

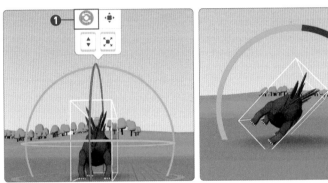

└ 연두색 Y축 원을 클릭한 상태에서 드래그하면 오브젝트가 Y축 방향으로 회전합니다.

❷ 이동 모드 : X, Y, Z축을 기준으로 오브젝트를 이동합니다.

└ 빨간색 X축 화살표를 선택한 상태에서 드래그하면 오브젝트가 X축 방향으로 이동합니다.

❸ 드래그해서 올리기 : 오브젝트를 위아래로 움직입니다.

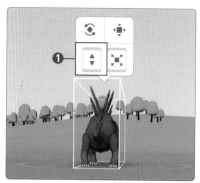 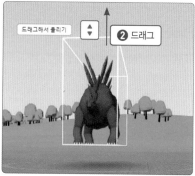

└ ⬍ (드래그해서 올리기)를 클릭한 상태에서 위아래로 드래그하여 오브젝트의 위치를 정합니다.

| 잠 | 깐 | 만 | 요 | **오브젝트 움직이기 비교**

[이동 모드]를 사용해 오브젝트를 위아래로 움직이면 오브젝트는 Y축 방향을 따라 움직입니다.

[드래그해서 올리기] 기능을 사용해 오브젝트를 위아래로 움직이면 오브젝트는 바닥과 90도 각도를 이루며 이동합니다.

❹ 드래그해서 크기 바꾸기 : 오브젝트의 크기를 조절합니다.

┗ ▣ (드래그해서 크기 바꾸기)를 클릭한 상태에서 위아래로 드래그하여 오브젝트의 크기를 조절합니다.

🔆 무작정 따라하기 06 쥐라기 공원 꾸미기

1 오브젝트의 이름을 변경합니다. Stegosaurus 오브젝트에 대고 우클릭하여 속성 창을 엽니다. 속성 창에서 Stegosaurus를 삭제한 후 '공룡1'이라고 입력하여 오브젝트의 이름을 변경합니다.

Tip 오브젝트를 더블클릭 또는 우클릭하여 속성 창을 띄울 수 있습니다.

나머지 오브젝트의 이름도 '공룡2', '공룡3', '공룡4'로 변경합니다.

공룡2

공룡3

공룡4

2 (회전 모드)를 선택하여 '공룡1'이 정면을 보도록 파란색 Z축으로 90도 회전합니다. (드래그해서 크기 바꾸기)를 선택하여 크기를 작게 만듭니다.

Tip 축이 선택되면 노란색으로 활성화됩니다.

3 '공룡1'을 더블클릭 또는 우클릭하여 오브젝트의 속성을 변경합니다. 속성 창의 [문장]을 선택하여 말풍선에 원하는 문구를 입력합니다. [애니메이션]을 클릭 후 원하는 동작을 선택합니다.

4 '공룡2'를 선택하고 (드래그해서 크기 바꾸기)를 클릭하여 몸집을 크게 조절합니다.

5 '공룡1'과 마주보도록 '공룡3'의 위치를 변경합니다. 속성 창의 [문장]을 클릭해 '나는 공룡의 왕 티라노사우루스 렉스다!'라고 입력하고, [애니메이션]→[Roar]을 선택하여 울부짖는 효과를 줍니다.

6 (이동 모드) 또는 (드래그해서 올리기)를 이용하여 '공룡4'를 하늘에 배치합니다. [애니메이션] 속성에서 [Fly]를 적용하면 더욱 자연스러운 움직임을 만들 수 있습니다.

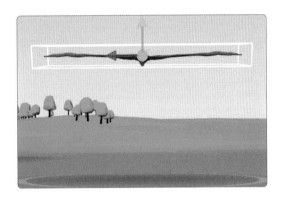

02 완성한 쥐라기 공원 함께 즐기기

카메라 설정하고 플레이 시작하기

카메라를 선택하고 (회전 모드)와 (이동 모드)를 사용하여 원하는 위치와 방향을 정합니다.

❶ 설정

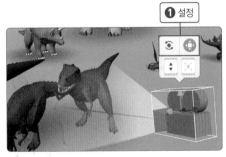

화면 우측 상단의 [플레이]를 클릭하면 카메라가 비추는 곳에서 플레이가 시작됩니다.

내 스페이스 공유하기

1 화면 우측 상단의 [공유]를 클릭하
면 나의 스페이스를 다른 사람과
공유할 수 있습니다.

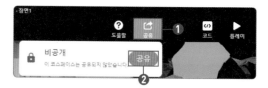

2 이름과 설명을 입력한 후 [비공개 공유]
를 클릭합니다.

> **Tip**
> 프로 체험판 또는 프로 버전에서는 다른 사용
> 자가 나의 코스페이스를 리믹스하여 복제본을 만
> 들고 편집하도록 설정할 수 있습니다.

3 우측의 [공유]를 클릭합니다.

4 SNS, QR 코드, 공유 링크 등 다양한 방법으로 스페이스를 공유할 수 있습니다.

무작정 따라하기 08 코스페이시스 앱 설치하기

1 앱스토어에서 CoSpaces Edu(코스페이시스)를 검색하여 스마트폰 또는 태블릿에 설치합니다.

2 설치가 완료되면 앱을 열어 상단 메뉴의 █을 탭합니다. 공유된 QR 코드를 스캔하거나, 공유 코드를 입력하여 스페이스를 열 수 있습니다.

3 [플레이]를 탭하여 스페이스를 플레이합니다.

└ 스페이스를 플레이한 모습

4 VR로 스페이스를 볼 수 있습니다. 화면 우측 하단
의 🕶 버튼을 누르고 [VR로 보기]를 탭합니다.

HMD에 스마트폰을 넣어서 VR로 스페이스를 플
레이합니다.

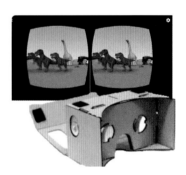

03 가상 전시관 만들기

01 건물 세우고 그림과 관객 배치하기

코스페이시스를 사용하면 다양한 주제에 대한 가상 전시관을 쉽게 만들 수 있습니다. 전시관 벽을 세우고, 오브젝트를 업로드하고 벽에 붙여 전시해 보겠습니다. 전시관에 작품을 관람하는 사람, 친구와 이야기를 나누는 사람 등 관람객 오브젝트를 추가하고 다양한 애니메이션 효과를 주어 진짜 전시관 같은 모습을 연출합니다.

무작정 따라하기 09 전시관 건물 세우기

1 메뉴창의 [내 코스페이스]→[코스페이스 만들기]→[3D 환경]→[Empty scene]을 선택하여 새로운 코스페이스를 준비합니다.

2 좌측 하단 메뉴의 [배경]을 클릭하여 마음에 드는 배경을 고른 후, [라이브러리]→[만들기]에서 벽돌벽을 스페이스로 드래그합니다.

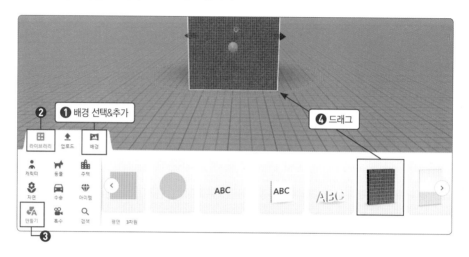

3 벽 오브젝트의 두께와 크기를 조절하여 건물 한쪽 벽을 만듭니다. 벽 오브젝트를 하나 더 추가하여 만들어둔 벽과 직각이 되도록 붙여 2개의 벽면을 만듭니다. 오브젝트의 위치와 크기는 ✛(이동 모드)와 ❖(드래그해서 크기 바꾸기)를 사용하여 조정합니다.

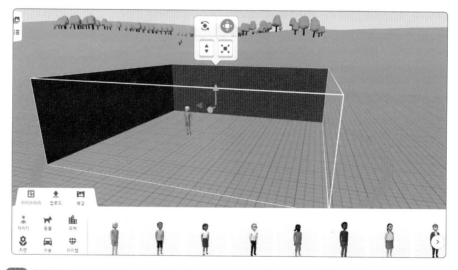

> **Tip** 건물처럼 큰 오브젝트를 만들 때는 사람 오브젝트를 추가해 두면 건물의 크기를 가늠하는 데 도움이 됩니다.

4 벽 오브젝트를 추가하여 4개의 벽으로 둘러싸인 전시장을 만듭니다.

❶ 벽 오브젝트를 모두 선택한 후 마우스 오른쪽 버튼을 클릭합니다. [그룹 만들기]를 클릭하여 선택한 오브젝트들을 하나의 그룹으로 묶습니다.

> **Tip** 여러 오브젝트를 선택하려면 ⬆Shift 키를 누른 채로 원하는 오브젝트를 클릭합니다.

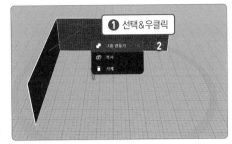

❷ 마우스를 벽 오브젝트 그룹에 대고 우클릭하여 [복사]를 선택합니다.

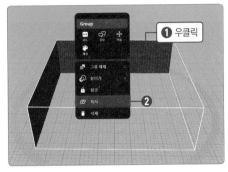

❸ 복사된 벽을 선택한 후 🔄(회전 모드)로 180도 회전하여 4개의 벽을 세워줍니다.

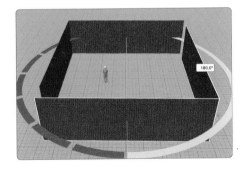

❹ ✥(이동 모드)로 벽의 양 끝을 잘 맞춰 건물 벽을 완성합니다.

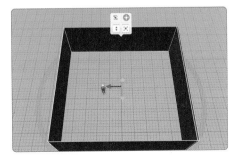

213

5 전시관 벽에 출입문과 창문을 추가합니다.

❶ [라이브러리]→[주택]→[기타] 카테고리를 클릭하여 전시관에 어울리는 출입문을 선택합니다.
출입문을 전시관 벽면에 붙여줍니다.

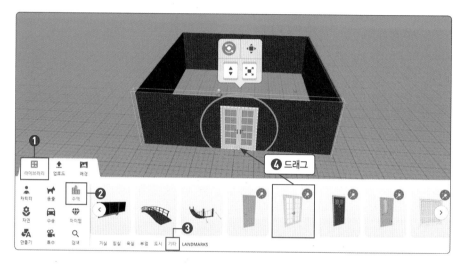

❷ 문 오브젝트에 대고 우클릭하여 [애니메이션]→[Open]을 선택해 전시장 문이 열려 있도록 설
정합니다. 동일한 방식으로 창문을 추가합니다.

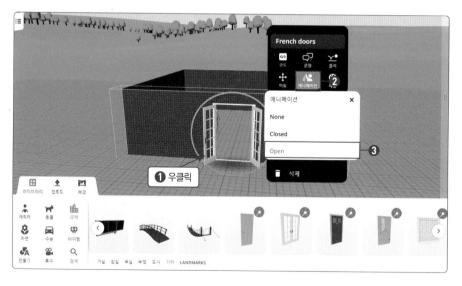

무작정 따라하기 10 전시관에 그림 걸기

1 전시관 내부 벽에 그림을 걸어 전시합니다. 전시할 이미지 파일을 준비하고, 좌측 하단 메뉴에서 [업로드]→[이미지]를 선택하여 이미지를 업로드합니다.

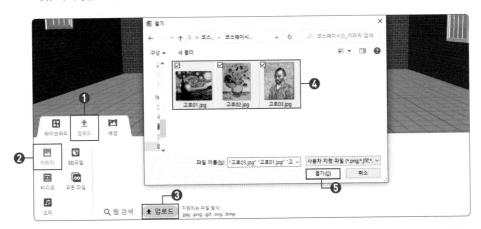

> **Tip**
> 인터넷 검색을 통해 원하는 이미지를 찾아 사용할 수 있습니다.

|잠|깐|만|요| **[업로드] 메뉴 알아보기**

코스페이시스에서는 이미지 외에도 3D 모델링 파일 (obj, mtl, zip), 비디오 파일(mp4), 소리(오디오) 파일(mp3, wav, aac, m4a) 등을 업로드하여 스페이스에서 사용할 수 있습니다. 오브젝트와 상호작용이 가능하도록 코블록스 코드로 프로그래밍을 할 수도 있습니다.

215

2 붙이기 효과를 이용해 업로드한 그림 오브젝트를 전시관 안쪽 벽에 붙이도록 하겠습니다.

❶ 업로드한 그림 이미지를 스페이스로 끌어 옵니다. 그림에 대고 우클릭하여 [붙이기] 를 선택합니다. 붙이기 효과를 선택하면 다 른 오브젝트에 파란색 점들이 나타납니다.

❷ 붙이고 싶은 곳의 파란 점을 클릭해 그림 오브젝트를 붙여줍니다.

❸ 그림 오브젝트를 벽에 붙이고 ✛(이동 모 드)와 ⬙(드래그해서 크기 바꾸기)를 이용 해 원하는 곳으로 이동하고 적당한 크기로 변경합니다. 남은 두 개의 그림 오브젝트 도 같은 방식으로 벽에 붙이고 크기 및 그 림 간 간격을 조절합니다.

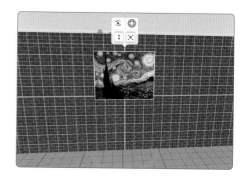

3 3차원 오브젝트를 만들어 그림 오브젝트에 이름표를 붙여줍니다.

❶ [라이브러리]→[만들기] 메뉴에서 글씨 오브젝트를 선택해 드래그합니다. 마우스 오른쪽 버튼을 눌러 [텍스트]를 선택합니다.

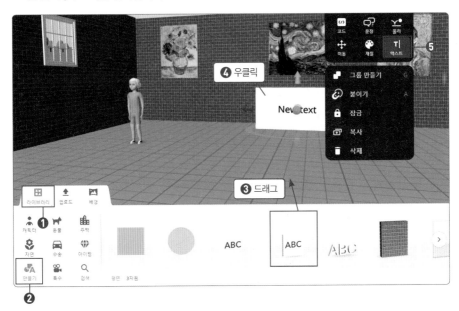

❷ 작품명과 간단한 설명을 적어 이름표를 완성합니다. ⊕(이동 모드)를 이용해 벽에 붙어 있는 그림 오브젝트 아래에 부착합니다.

> **Tip** [붙이기] 또는 [아이템에 붙이기] 기능을 이용해도 오브젝트가 벽을 뚫고 나가거나 원하는 방향으로 붙지 않을 수 있습니다. [이동 모드]와 [회전 모드]를 적절히 사용해 문제를 해결하도록 합니다.

4 나머지 그림 오브젝트에도 이름표 오브젝트를 붙여 전시장 벽면을 완성합니다.

관람객 오브젝트 추가하기

1 전시관에 의자와 사람 오브젝트를 추가, 배치합니다. [라이브러리]→[주택]에서 의자를, [라이브러리]→[캐릭터]에서 사람 오브젝트를 스페이스로 끌어옵니다. 추가한 오브젝트를 적당한 위치와 크기로 조정해 줍니다.

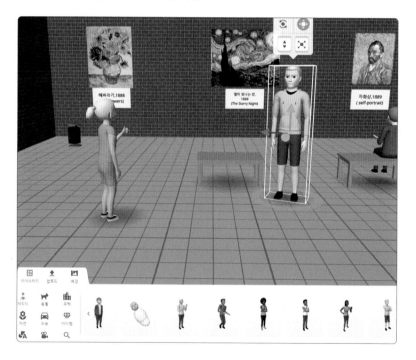

2 생동감 있는 전시관을 만들기 위해 오브젝트에 애니메이션 효과를 추가합니다.

❶ 마우스를 오브젝트에 대고 우클릭한 후
[애니메이션]→[Actions]→[Sit and talk]
를 선택합니다. 전시관 의자에 앉아 이야
기를 나누는 모습이 표현됩니다.

❷ [붙이기] 기능을 사용해 사람 오브젝트를 의자에 앉힙니다.

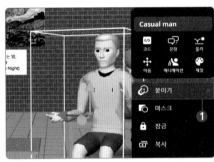 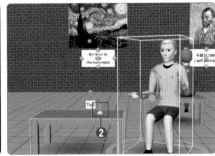

> **Tip** 애니메이션과 붙이기 기능을 함께 사용할 때는 애니메이션을 먼저 적용해야 정확한 동작을 표현할 수 있
> 습니다.

❸ ⟳(회전 모드)와 ✛(이동 모드)를 이용
해 다른 오브젝트와 마주보게 합니다.

3 다양한 오브젝트를 추가해 전시관을 꾸며봅니다.

02 코딩으로 생동감 넘치는 전시관 만들기

코스페이스를 플레이할 때 경로에 따라 움직이는 오브젝트를 만들어봅니다. 코스페이시스의
코딩 도구인 코블록스를 사용해 프로그래밍하며 코블록스의 기본 기능을 알아보겠습니다.

무작정 따라하기 12 이동하는 오브젝트 만들기

1 사람 오브젝트를 추가하고 [애니메이션]→[Actions]→[Walk]를 선택하여 걷는 동작을
추가합니다.

2 사람 오브젝트가 그림 오브젝트 앞을 걸어 다닐 수 있도록 방향을 틀어줍니다. 코블록스 코딩을 위해 오브젝트 이름을 '걷는 여자'로 수정합니다.

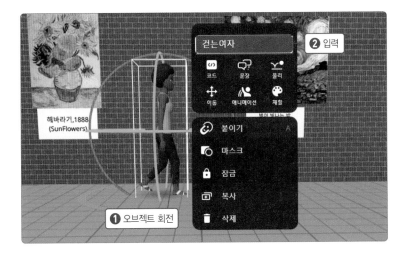

3 '걷는 여자' 오브젝트에서 우클릭하여 [코드]를 선택하고 '코블록스에서 사용'을 활성화합니다. '코블록스에서 사용'이 활성화되어 있어야 이 오브젝트를 코블록스로 코딩할수 있습니다.

4 걸어 다닐 경로를 설정해 보겠습니다. [라이브러리]→[특수]에서 '직선 경로'를 선택합니다. 경로를 스페이스로 드래그한 후 방향을 설정해 줍니다.

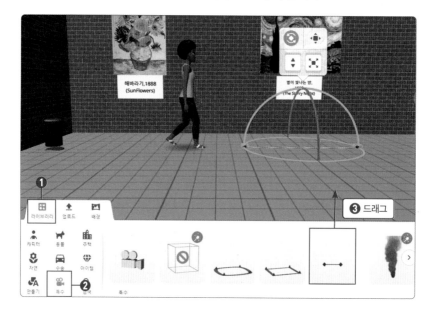

5 그림 사이를 왔다 갔다 할 수 있도록 경로의 길이를 조절합니다.

6 '걷는 여자' 오브젝트가 경로의 시작점에서 걷기 시작할 수 있도록 [붙이기] 기능으로 경로의 시작점에 붙입니다.

7 코블록스에서 코딩이 가능하도록 경로의 이름을 '경로01'로 수정하고 '코블록스에서 사용'을 활성화합니다.

코블록스 코딩으로 오브젝트 움직이기

1 화면 우측 상단의 [코드]를 선택해 코딩창을 열고 [코블록스]를 클릭합니다.

|잠|깐|만|요| 코블록스 화면 구성 살펴보기

❶ **코블록스 스크립트 창** : 블록을 조합하여 코
   드를 만듭니다.
❷ **코드블록 모음 창** : 같은 성격의 코드를 같
   은 색으로 분류하여 블록을 제공합니다.
❸ **실행 창** : 스크립트 창의 코드가 스페이스의
   오브젝트와 배경을 통해 실행됩니다.
❹ **코드 버튼** : 코딩 창을 엽니다.
❺ **플레이** : 스크립트 창의 코딩을 실행합니다.

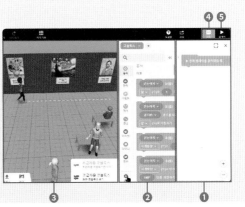

2 코블록스 화면에서 코블록스를 코딩합니다. 이동은 움직이는 동작에 속하므로 [동작]
카테고리에서 알맞은 블록을 찾아봅니다. '~을 ~초 동안 ~경로를 따라 ~로 이동하기'
블록을 스크립트 창으로 드래그한 후, 각각의 드롭다운 목록에서 '걷는 여자', '10초',
'경로01'을 선택합니다.

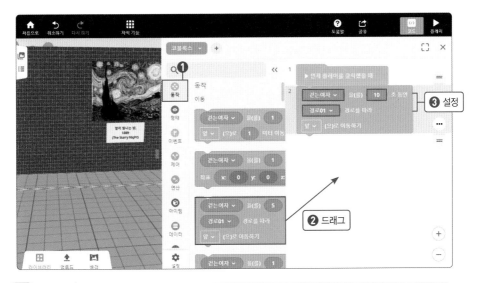

Tip 화면 우측 상단의 [플레이]를 클릭하여 '걷는 여자' 오브젝트가 코드대로 움직이는지 확인하세요!

225

3 '걷는 여자' 오브젝트는 경로를 따라 앞으로 1회 이동한 후 더 이상 움직이지 않습니다. 플레이하는 동안 계속 움직이도록 [제어] 카테고리에서 무한 반복 블록을 가져옵니다.

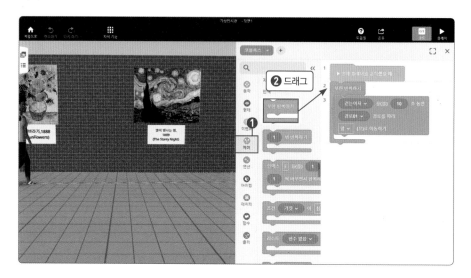

4 '걷는 여자' 오브젝트가 경로를 왔다 갔다 하도록 아래와 같이 블록을 추가하여 코드를 완성합니다.

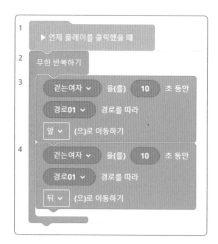

5 [플레이]를 클릭하여 코드를 제대로 작성했는지 확인합니다.

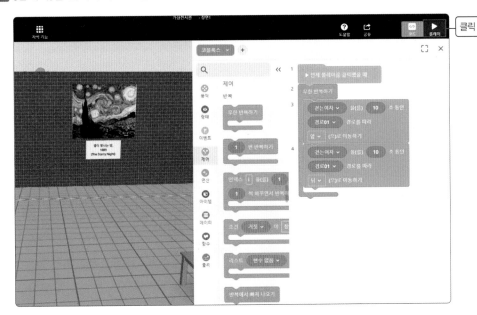

> **Tip**
> 가상 전시관이 완성되면 QR 코드, 링크, SNS를 통해 내가 만든 전시관을 다른 사람들과 공유하고 스마트폰, HMD로 VR 전시관을 체험할 수 있습니다. 구체적인 공유 방법은 p.208 '무작정 따라하기 07'을 참고합니다.

CHAPTER

로블록스
(ROBLOX)

01  로블록스 시작하기

01 로블록스란 무엇인가?

2006년 공식 출시된 이래 꾸준히 성장하던 로블록스는 코로나 팬데믹의 영향으로 집에 있는 시간이 길어진 아동, 청소년들이 로블록스를 즐긴 덕분에 코로나 특수를 맞으며 급격히 성장했습니다.

└ 게임을 즐기고 직접 만들 수도 있는 로블록스

로블록스의 다양한 콘텐츠 중 핵심은 게임입니다. 사용자들은 스스로 게임을 만들 수도 있고, 다른 사람이 만든 게임을 플레이할 수도 있습니다. 이제 단순한 게임 플랫폼을 넘어 메타버스의 최대 기대주로 성장한 로블록스를 시작해 보겠습니다.

1 웹 브라우저를 실행한 후 주소창에 roblox.com
을 입력하고, 홈페이지에서 회원가입을 시작합
니다.

> **Tip**
> 이미 로블록스 계정이 있다면 화면 우측 상단의 [로그
> 인]을 클릭하여 로그인해 주세요.

❶ 생년월일을 선택하여 나이를 입력합니다.

> **Tip**
> 로블록스는 나이 어린 사용자들을 부적절한 콘텐츠로부터 보호하기 위해 13세 미만 사용자에 대해 개인정보
> 보호 모드가 자동으로 활성화됩니다. 회원가입 시 나이를 13세 미만으로 입력하면 13번째 생일이 지날 때까지 나
> 이를 변경할 수 없으니 주의하세요.

❷ 사용자 이름을 입력합니다. 사용자 이름은 일반적인 아이디(ID)와 같으며 원하는 이름을 3~20
자로 입력하세요.

| 잠 | 깐 | 만 | 요 | **사용자 이름을 입력하는데 빨간 경고가 떠요**

입력 칸은 적절한 값을 입력하면 초록색, 부적절한 값을 입력하면 빨간색으로 바뀝니다. 사용자 이름 입력
단계에서 오류가 발생하면 경고 문장을 잘 읽고 지시대로 수정하면 됩니다. 욕이나 나쁜 말을 입력하면 로
블록스에 적합하지 않은 이름이라고 뜨니 조심하세요.

---

❸ 비밀번호는 특수문자를 포함하여 8자 이상이어야 합니다. 다른 사이트와 달리 로블록스는 비
밀번호를 딱 한 번만 입력하니 신중하게 입력합니다. 입력한 비밀번호를 확인하고 싶을 때는
오른쪽의 👁 아이콘을 누르면 비밀번호가 표시됩니다.

❹ 성별을 선택합니다. 선택한 성별에 따라 아바타의 모양이 결정됩니다. 아바타는 나중에 수정
할 수 있습니다.

내용 입력을 마친 후 하단의 [회원가입]을 누르면 자동으로 로그인되고 아래와 같은 화면이 나타납니다. 화면에서 사용자 이름과 아바타 모양을 확인할 수 있습니다.

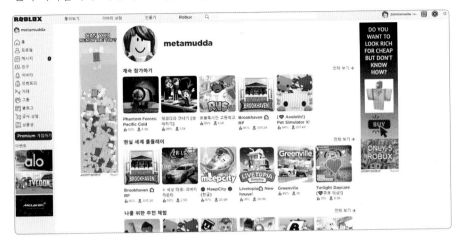

02 홈페이지 메뉴 둘러보기

둘러보기

화면의 상단 메뉴에서 첫 번째 항목 [둘러보기]를 클릭하면 로블록스 게임 목록이 나오며 원하는 게임을 선택하고 실행할 수 있습니다. 화면에 표시된 각각의 아이콘이 하나의 게임을 나타냅니다. 정말 많은 게임이 표시되며 사용자의 선호도에 따라 화면이 거의 실시간으로 업데이트됩니다.

아바타 상점

상단 메뉴의 두 번째 항목인 [아바타 상점]에서 아바타 꾸미기 아이템을 구매할 수 있습니다. 아이템은 장신구, 얼굴, 장비, 감정 표현 등 다양한 카테고리로 분류되어 있습니다.

만들기

세 번째 메뉴 [만들기]를 선택하면 로블록스 스튜디오를 이용해 게임을 제작할 수 있습니다.

Robux

로벅스(Robux)는 로블록스에서 유료 아이템이나 게임 아이템을 구매할 수 있는 공식 화폐를 말합니다. 화면 상단의 [Robux] 메뉴에서 구입합니다.

로벅스는 크게 2가지 방법으로 구매할 수 있습니다. 첫 번째는 'Robux 구매'로, 정해진 금액을 지불하고 그에 해당하는 로벅스를 구매하는 방법입니다. 두 번째는 '가입하고 더 많이 받기!' 방법으로 로블록스 프리미엄(Roblox Premium) 서비스에 가입하여 매월 자동 결제되는 구독 방식입니다. 이 서비스에 가입하면 화면의 초록색 박스에 표시된 금액만큼 매달 로벅스가 자동으로 충전됩니다.

> **Tip** 미성년자는 로벅스를 구매하려면 부모님의 허락이 필요하니 부모님과 함께 구매해 주세요.

[로벅스]

우측 상단 메뉴 중 (로벅스) 아이콘을 클릭하면 현재 보유한 로벅스를 확인하거나 로벅스 구매 페이지로 이동할 수 있습니다. 현재 보유한 로벅스 금액을 클릭하면 지금까지 로벅스를 구매하고 지출한 내역도 확인 가능합니다.

⚙️ (설정)

우측 상단 마지막의 ⚙️(설정) 아이콘을 클릭하면 개인 설정 변경, 도움말 확인, 로그아웃 등을 할 수 있습니다.

'내 설정' 화면에서는 회원가입 시 입력한 생년월일, 성별뿐 아니라 개인정보, 결제, 알림 등 계정에 관한 다양한 정보를 수정할 수 있습니다. 단, 13세 미만은 개인정보와 사용자 안전 보호를 위해 생년월일을 변경할 수 없으며 계정에 등록된 13번째 생일이 지난 후 자동으로 13세 이상으로 수정됩니다. 13세 이상은 자유롭게 나이를 변경할 수 있지만 만약 나이를 만 13세 미만으로 수정하면 개인정보 보호 모드가 활성화되어 13세 이상으로 다시 변경할 수 없습니다.

사이드바 메뉴 살펴보기

❶ **홈** : 로그인하면 처음 보이는 기본 화면으로 이동합니다.

❷ **프로필** : 아바타의 프로필을 확인하고 나를 소개하는 메시지를 입력할 수 있습니다.

❸ **친구** : 로블록스에서 내가 팔로잉하거나 나를 팔로잉한 친구들을 확인합니다.

❹ **아바타** : 아바타를 꾸밀 수 있는 아바타 편집기 메뉴입니다.

❺ **인벤토리** : 내가 보유한 아바타 꾸미기 아이템을 확인할 수 있습니다.

❻ **거래** : 로블록스 플랫폼에서 판매하거나 구매한 내역을 확인할 수 있습니다.

❼ **그룹** : 로블록스에는 비슷한 관심사를 가진 친구들의 커뮤니티 그룹이 있습니다. 관심있는 그룹에 가입 신청을 하여 친구들과 다양한 의견을 공유하고 게임 팁과 전략 등을 상의할 수 있습니다. 직접 그룹을 만들어 새로운 커뮤니티를 생성할 수도 있습니다.

❽ **공식 상점** : 로블록스와 관련된 캐릭터 상품을 판매하는 아마존 쇼핑몰 사이트로 이동합니다. [공식 상점]을 클릭하면 경고 창이 뜨는데 다른 페이지로 연결된다는 내용이니 [계속]을 클릭하면 됩니다. 단, 아마존 사이트에서 상품을 구매하려면 만 18세 이상이어야 하며 일부 제품은 한국으로 배송되지 않을 수 있습니다.

 사이드바 메뉴는 화면 좌측 상단의 ☰을 눌러 나타나고 사라지게 할 수 있습니다.

01 로블록스에서 활동할 아바타 만들기

아바타는 로블록스 세상에서 나 대신 게임을 플레이하는 캐릭터를 의미하는 로블록스의 공식 용어로 여러분의 또 다른 자아라고 할 수 있습니다. 이제 아바타를 자신과 비슷하게 또는 완전히 다르게 꾸며보겠습니다. 또한 기본 아이템만으로 아바타를 꾸미는 데 한계가 있으니 상점에서 아이템을 구매하여 적용해 보겠습니다.

무작정 따라하기 02 아바타 꾸미기 ────────

1 사이드바의 [아바타] 메뉴를 클릭하여 아바타 편집기로 들어갑니다. 화면 왼쪽에 나의 아바타가 보이고 오른쪽에 내가 보유한 아바타 아이템이 표시됩니다. 아바타에게 현재 적용된 아이템에는 체크 표시가 되어 있습니다.

2 복장, 장신구, 신체 등 옵션을 선택하면 카테고리별로 아이템이 표시됩니다. 원하는 아이템을 선택하면 아바타에 적용되며, 아이템 섬네일 우측 상단에 체크 표시가 붙습니다.

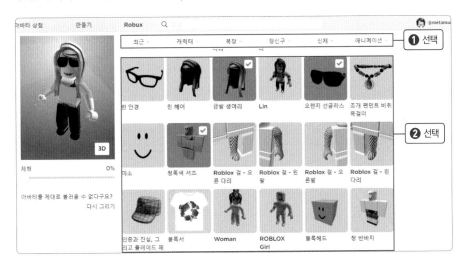

3 아바타의 얼굴, 의상뿐 아니라 체형도 원하는 비율로 조절할 수 있습니다. 아바타 그림 밑에 있는 설정바를 0~100% 중 원하는 값으로 변경하면 값에 따라 아바타의 체형이 달라집니다.

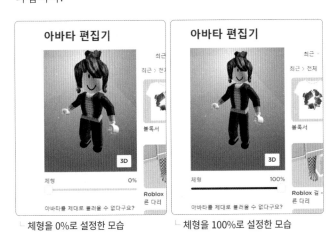

└ 체형을 0%로 설정한 모습   └ 체형을 100%로 설정한 모습

4 아바타 편집기의 메뉴 중 [신체]→[크기]를 선택하면 높이(신장), 넓이(체격), 머리, 비율을 퍼센트 단위로 변경할 수 있습니다.

| 잠 | 깐 | 만 | 요 | **아바타 체형 R6, R15 가 무엇인가요?**

아바타를 단순한 레고 모양으로 생각할 수 있지만, 여러 가지 형태로 발전되어 왔습니다. 대표적인 체형 모드를 살펴보겠습니다.

R6	R15	RTHRO
로블록스 초창기부터 사용한 모드로, 아바타 신체를 블록처럼 생긴 부품 6개로 구성했습니다. 오리지널 기본 아바타 모양입니다.	2016년에 출시된 모드로, 아바타를 관절 15개로 표현하여 움직임이 훨씬 안정적입니다. 아바타 편집기에서 체형을 0%로 했을 때 모양입니다.	최근에 발표된 모드로 R15보다 좀 더 인간의 신체 비율에 가깝게 변형된 모드입니다. 아바타 편집기에서 체형을 100%로 했을 때 모양입니다.

5 아바타가 실제 3D 세상에서 어떻게 보이는지 확인해 보겠습니다. 아바타 그림 우측 하단의 [3D] 버튼을 누르면 평면적이었던 2D 아바타가 입체 캐릭터로 변하고 버튼은 [2D]로 바뀝니다. 3D 상태에서는 마우스를 드래그하여 아바타의 뒷모습, 아래, 머리 위쪽 모습까지 모든 카메라 각도에서 아바타 모양을 확인할 수 있습니다. [2D] 버튼을 누르면 아바타는 원래의 평면적 모습으로 돌아옵니다.

└ 2D 상태 아바타

└ 3D 상태 아바타

무작정 따라하기 03 ─ 아바타 상점에서 아이템 구매하기 ───────

1 메인 화면의 상단 메뉴에서 [아바타 상점]을 클릭하거나, 아바타 편집기 화면 우측 상단에 있는 [더 보기]를 클릭하여 아바타 상점으로 이동합니다.

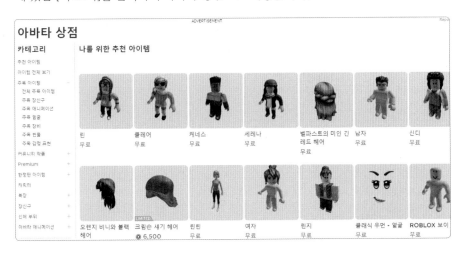

2 수많은 아바타 아이템이 캐릭터, 복장, 장신구 등 다양한 카테고리로 분류되어 있습니다. 왼쪽에서 카테고리를 클릭하면 오른쪽의 아이템 목록이 자동으로 바뀝니다. 오른쪽 목록에서 구매하고 싶은 아이템을 선택합니다.

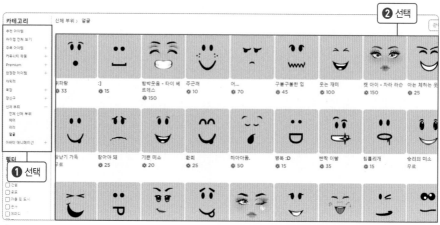

└ 신체 부위 중 얼굴 선택 화면

3 아이템을 선택하면 상세 페이지가 나타납니다. 무료 아이템은 [획득] 버튼이, 유료 아이템은 [구매] 버튼이 나타납니다. 아이템을 사용하려면 버튼을 누릅니다.

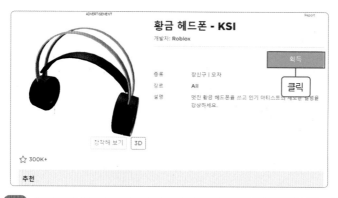

> **Tip** 선택한 아이템이 유료라면 로벅스를 지불하고 구매해야 합니다. 로벅스가 없다면 먼저 로벅스를 충전한 후 이용합니다.

4 아이템이 너무 많아 고르기 힘들면 우측 상단에 있는 검색 메뉴를 활용합니다. 카테고리를 지정하여 아이템을 검색할 수 있고, 아이템이 정렬되는 순서를 원하는 대로 바꿀 수 있습니다.

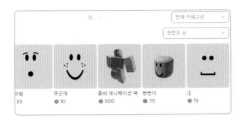

> **Tip** 로벅스가 없을 때에는 [낮은 가격순]으로 정렬하면 무료 아이템이 먼저 표시되어 알뜰하게 쇼핑할 수 있습니다.

5 아이템 하단의 [장착해 보기]를 클릭하면 내 아바타에게 아이템을 적용한 모습을 확인할 수 있습니다.

6 옷이나 코스튬 종류가 너무 많아서 아바타를 어떻게 꾸밀지 고민된다면 캐릭터를 통째로 구매하는 방법도 있습니다. 아바타 상점 검색 창 옆의 드롭다운 메뉴에서 [캐릭터]를 선택하면 완벽한 복장을 갖춘 캐릭터들이 나타납니다.

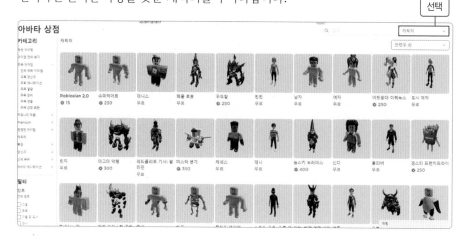

마음에 드는 캐릭터를 구매하면 해당 캐릭터의 헤어스타일, 의상, 액세서리 등 모든 아이템을 한꺼번에 획득하게 됩니다.

> **Tip** [아바타] 메뉴로 다시 돌아오면 구매한 캐릭터가 아이템에 표시됩니다. 캐릭터를 클릭하면 해당 코스튬이 적용된 아바타로 변신합니다.

본격적으로 아바타와 함께 로블록스 플랫폼에서 게임을 즐겨보겠습니다. 로블록스는 등록되어 있는 모든 게임을 즐길 수 있는 거대한 플랫폼으로, 재미있고 신나는 게임이 가득합니다.

무작정 따라하기 04 로블록스 게임 플레이하기

1 상단 메뉴의 [둘러보기] 또는 좌측 메뉴의 [홈] 화면으로 이동하면 주제별로 다양한 게임이 나타납니다. 게임 섬네일과 함께 이름, 참여자 선호도, 이용자 수를 참고하여 인기 있는 게임을 쉽게 찾을 수 있습니다.

어린 자녀들이 나쁜 콘텐츠와 게임에 노출될까 봐
걱정하는 부모들이 많습니다. 이에 로블록스는 여
러 가지 안전장치를 제공합니다.

우선 만 13세 미만의 이용자들은 [계정 제한]이
자동으로 설정됩니다. 계정이 제한되면 게임 목록
과 채팅에 필터링이 적용되며 계정의 연락처 설정
은 잠기고, 다른 사용자가 이들에게 메시지를 보
내거나 채팅할 수 없습니다. 그 결과 어린 사용자
들은 연령대에 맞는 게임만 할 수 있고 부적절한
콘텐츠에 접근하지 못하게 됩니다.

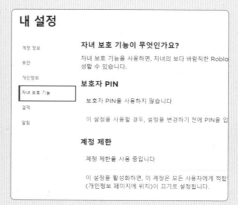

또한 로블록스는 부모가 자녀를 보호할 수 있도록
추가적인 기능도 제공합니다. 자녀 계정에서 우측
상단의 ⚙(설정) 메뉴의 [자녀 보호 기능]을 클릭하면 보호자 PIN, 월간 결제 한도 제한, 결제 한도 알림 등을
설정할 수 있습니다. 자녀 보호 기능을 사용하면 보호자 확인이 있어야 '계정 제한' 설정을 바꿀 수 있고 자녀
가 계정에서 결제할 수 있는 금액을 제한할 수 있습니다.

2 플레이할 게임을 클릭하면 게임을
소개하는 페이지가 나타납니다.
게임을 시작하려면 ▶ (플
레이) 버튼을 클릭합니다.

3 게임을 시작하기 위해 다음과 같
은 팝업 창이 뜹니다. [Roblox 열
기]를 클릭합니다.

> **Tip**
> 로블록스 게임을 처음 시작하는 경
> 우에는 로블록스 설치 프로그램이 실행
> 됩니다. 설치 안내문에 따라 설치를 완료
> 해 주세요.

4 새로운 윈도우 창에서 선택한 게
임이 시작됩니다. 게임 공간에 존
재하는 나의 아바타를 확인하세
요. 이제 게임을 즐기면 됩니다.

5 게임 화면 좌측 상단의 ▣(로블록스) 아이콘을 클릭하면 게임을 제어하는 메뉴가 나타
납니다. 이 메뉴는 모든 게임에서 공통입니다.

❶ **설정** : 카메라 모드, 이동 모드 등 다양한 설정을 변경할 수 있습니다.

❷ **도움말** : 아바타를 움직이는 키보드 제어 방법을 알 수 있습니다.

❸ **나가기** : 게임을 종료하고 홈으로 이동합니다.

❹ **다시 시작** : 설정 메뉴가 사라지고 게임이 계속됩니다.

|잠|깐|만|요| **게임 용어, 이건 어떤 뜻이죠?**

게임을 즐기다 보면 종종 낯선 용어가 나와서 어리둥절할 수 있습니다. 로블록스 게임 용어들을 이해하면 로블록스 세상이 훨씬 재미있어집니다.

- **로블록시아(Robloxia)** : 도시, 거리, 지도 등 로블록스 세계 전체를 일컬을 때 사용되는 용어입니다.
- **NPC(Non-Player Character)** : 게임 플레이어가 조작할 수 없는 게임 속 캐릭터를 말합니다.
- **지형** : 게임 속 환경이나 풍경을 말합니다.
- **배지(Badge)** : 게임 중 최대 레벨에 도달하거나 퀘스트를 완료하면 배지를 획득할 수 있습니다.
- **텔레포트(Teleport)** : 플레이어가 게임을 하는 도중 게임 시작 지점으로 다시 돌아가거나 다른 지역으로 이동할 때 사용하는 표현입니다.
- **스폰(Spawn)** : 로블록스 게임에서 아바타나 특정 기능이 생성 혹은 재생성되는 것을 의미합니다. 즉, 게임에서 플레이어가 죽더라도 스폰 지점에서 아바타가 재생성되어 게임을 다시 시작할 수 있습니다.
- **오비(Obby)** : 쉬운 표현으로 '장애물 경기'라고 생각하면 됩니다. 다양한 장애물이 있는 코스를 통과하는 기록을 세우거나 특정 지점까지 이동하여 단계를 완료하는 것을 목표로 합니다. 장애물 경기에서는 진행 상황을 잘 기억해 두면, 게임에서 죽더라도 특정 스폰 위치에서 게임을 다시 시작할 수 있습니다.
- **타이쿤(Tycoon)** : '경영 시뮬레이션' 게임을 말합니다. 이 게임은 작은 가게로 시작하여 점차 거대 기업으로 키우는 것을 목표로 꾸준히 수입을 창출하는 것이 핵심입니다.

03 > 로블록스 스튜디오 시작하기

01 로블록스 스튜디오 알아보기

로블록스에서 아바타를 꾸미고 게임을 즐겨보았습니다. 이제부터 로블록스 게임을 직접 제작해 보겠습니다. 게임을 제작하려면 '로블록스 스튜디오'라는 프로그램이 있어야 합니다. 로블록스 스튜디오는 캐릭터, 집, 나무, 지형, 코드 등 게임을 만들기 위한 기본 재료와 도구들을 갖춘 툴로 간단한 맵 제작부터 게임 메뉴 관리, 캐릭터의 동작 제어와 테스트까지 게임 제작에 필요한 모든 과정을 진행할 수 있는 윈도우 기반 프로그램입니다. 사용자들은 로블록스 스튜디오에서 마우스 클릭 몇 번만으로 가상의 넓은 입체 지형을 만들고 다양한 물체를 원하는 위치에 배치하여 게임을 제작할 수 있습니다.

무작정 따라하기 05 로블록스 스튜디오 설치하기

1 로블록스 사이트 상단 메뉴의 [만들기]→[만들기 시작]을 클릭합니다.

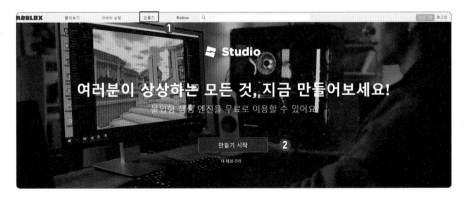

2 로블록스 스튜디오가 컴퓨터에 설치되어 있지 않으면 다음 화면이 나타납니다. [Studio 다운로드]를 클릭하여 로블록스 스튜디오 설치 파일을 다운로드 받은 후, 컴퓨터에 설치합니다.

3 컴퓨터에 로블록스 스튜디오가 이미 설치되어 있거나 다운로드 받은 파일의 설치가 완료되면 다음 화면이 나타나며, 로그인합니다.

|잠|깐|만|요| **메뉴를 한글로 바꾸고 싶어요**

로블록스는 미국에서 제작된 플랫폼이기 때문에 로블록스 스튜디오를 처음 실행하면 메뉴가 영어로 표시되는 경우가 종종 있습니다. 언어 설정을 변경하면 쉽게 해결됩니다.

❶ 좌측 상단의 [FILE]에서 [Studio Settings]를 선택합니다.

❷ [Studio] 하위 메뉴에서 [Language]를
선택하고 언어를 '한국어'로 변경합니다.

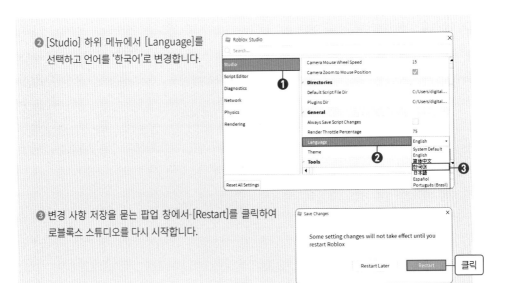

❸ 변경 사항 저장을 묻는 팝업 창에서 [Restart]를 클릭하여
로블록스 스튜디오를 다시 시작합니다.

로블록스 스튜디오의 화면 구성

로블록스 스튜디오의 기본 메뉴와 화면 구성을 살펴보겠습니다. 시작 화면 좌측 상단의 [새로 만들기]를 클릭하면 로블록스 스튜디오가 제공하는 게임 템플릿이 오른쪽에 나타납니다. 템플릿은 세 가지 카테고리로 나뉘어 있습니다.

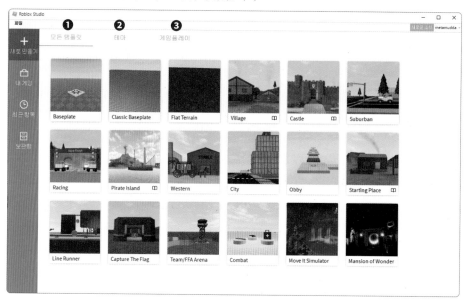

❶ **모든 템플릿** : 로블록스 스튜디오의 모든 템플릿이 표시됩니다. 테마와 게임플레이 템플릿도 여기에 함께 표시됩니다.

❷ **테마** : 특정 주제에 어울리는 지형과 건물이 미리 설계되어 있는 템플릿입니다. Village(마을), Castle(성), Suburban(도시 주변), Pirate Island(해적 섬), Western(서부개척시대), City(도시), Starting Place(시작 장소) 등 다양한 시대, 배경, 환경 중 원하는 템플릿을 선택하고 설계한 게임 요소에 맞게 세부 사항을 수정하면 됩니다.

❸ **게임플레이** : 대표적인 게임 유형이 미리 설계되어 있어서 바로 게임을 실행할 수 있는 템플릿입니다. Racing(레이싱), Obby(장애물 경기), Line Runner(장애물 달리기), Capture The Flag(깃발 뺏기), Team/FFA Arena(3인칭 슈팅), Combat(전투) 등을 제공합니다. 게임 유형별로 기본적인 동작 코드들이 제공되니 이를 기반으로 게임을 완성하면 됩니다.

게임 개발 인터페이스 살펴보기

원하는 템플릿을 선택하면 게임 제작 화면으로 이동합니다. 다음 그림은 Baseplate 템플릿을 선택한 화면입니다.

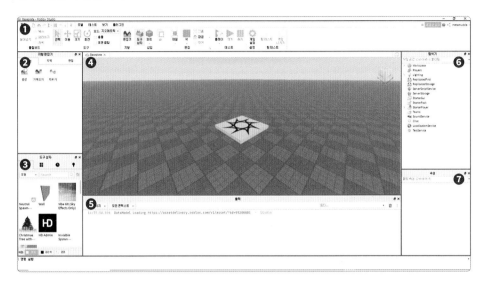

❶ **메뉴바** : 게임 제작에 필요한 메뉴와 다양한 명령어 아이콘이 있습니다.

❷ **지형 편집기** : 게임의 지형을 생성, 삭제, 이동, 편집하는 명령어 아이콘이 있습니다.

❸ **도구 상자** : 게임을 만들 때 사용할 수 있는 많은 모델을 이미지, 메시, 오디오, 비디오 등 다양한 카테고리별로 제공합니다. 원하는 항목을 선택하여 게임 아이템으로 사용하면 됩니다.

❹ **메인 화면** : 게임 제작 작업을 볼 수 있는 화면입니다. 제작한 지형, 캐릭터, 도구의 위치와 동작을 한눈에 볼 수 있으며 코드 편집도 이 화면에서 진행됩니다.

❺ **출력** : 게임의 편집, 저장 같은 제작 상태와 테스트 결과를 텍스트 형태로 볼 수 있습니다. 사용자가 수행한 동작이나 코드 실행 에러나 결과 등이 출력 창에 표시됩니다.

❻ **탐색기** : 현재 편집 중인 게임에 사용된 모든 아이템이 표시됩니다. 윈도우 탐색기와 비슷하게 아이템이 계층 구조로 표시됩니다. 게임 워크스페이스, 조명, 플레이어, 소리 파일 그리고 루아 스크립트 코드까지 모든 항목이 나열됩니다.

❼ **속성** : 아이템의 모든 속성이 표시됩니다. 탐색기에서 아이템을 선택하면 이곳에 해당 아이템의 속성 리스트와 값이 표시됩니다. 아이템의 색상, 위치, 크기 등의 값을 확인하고 편집할 수 있습니다.

> 위의 메뉴가 화면에 보이지 않을 경우 상단 메뉴바의 [보기]에서 원하는 메뉴를 클릭하면 화면에 추가됩니다.

02 게임 제작에 필요한 기본 기능 살펴보기

게임을 만들려면 카메라 조작, 파트 제어, 도구 상자 등 기본 기능을 익혀야 합니다. 로블록스 스튜디오 메인 화면에 보이는 모습은 가상의 3D 게임 공간을 '카메라'로 비춘 모습입니다. 즉 카메라가 비추는 각도와 방향의 모습만 보이기 때문에, 넓은 게임 공간에 지형을 만들거나 게임 도구를 배치하려면 개발자가 원하는 방향으로 카메라 각도를 조작하는 방법을 먼저 익혀야 작업의 효율성을 높일 수 있습니다.

그렇다면 파트란 무엇일까요? 게임에 필요한 아이템은 모양, 색깔, 크기가 다양하고 게임 속 용도도 모두 다릅니다. 로블록스 스튜디오는 게임 개발자들이 원하는 다양한 아이템을 파트 (Part)를 통해 지원합니다. 파트는 게임 속에 존재하는 다양한 아이템을 구성하는 기본 단위입니다. 파트 하나 혹은 여러 개를 결합하여 다양한 게임 아이템을 표현할 수 있습니다.

파트뿐 아니라 도구 상자에서 제공하는 모델을 이용하면 게임 개발이 좀 더 쉬워집니다. 도구 상자에는 로블록스 개발자들이 만든 나무, 자동차, 총, 좀비 등 다양한 게임 아이템이 업로드되어 있습니다. 게임을 만들 때 도구 상자에서 원하는 아이템을 검색하여 활용하면 됩니다. 이제부터 이러한 기본 기능을 하나씩 익혀보겠습니다.

무작정 따라하기 06 카메라 조작 방법 익히기

1 마우스를 이용하여 다음과 같이 카메라 위치를 제어할 수 있습니다.

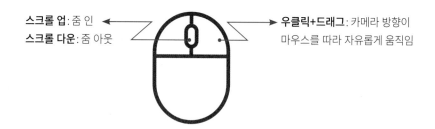

스크롤 업: 줌 인
스크롤 다운: 줌 아웃

우클릭+드래그: 카메라 방향이 마우스를 따라 자유롭게 움직임

2 메인 화면의 우측 상단에 보이는 주사위 모양 방향 선택기(View Selector)를 이용하면 카메라를 원하는 방향으로 회전할 수 있습니다. 방향 선택기에는 앞, 뒤, 오른쪽, 왼쪽, 위, 아래 6가지 방향이 표시되어 있습니다. 원하는 카메라 각도를 선택하면 주사위의 해당 면이 파란색으로 바뀌고 메인 화면도 같은 방향으로 변경됩니다.

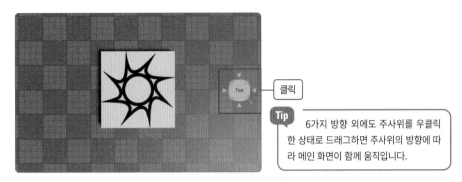

클릭

Tip 6가지 방향 외에도 주사위를 우클릭한 상태로 드래그하면 주사위의 방향에 따라 메인 화면이 함께 움직입니다.

3 키보드 단축키를 이용하여 화면을 제어할 수 있습니다. 단축키를 누르면 카메라가 해당 방향으로 이동합니다.

키보드 키	설명
W	카메라가 앞으로 이동
S	카메라가 뒤쪽으로 이동
A	카메라가 왼쪽으로 이동
D	카메라가 오른쪽으로 이동
Q	카메라가 아래로 이동
E	카메라가 위로 이동
⇧ Shift	카메라 화면 이동 속도 조절
F	카메라가 선택한 게임 아이템으로 바로 이동

Tip 마우스나 단축키로 카메라를 움직일 때 이동 속도가 너무 빠른 경우, ⇧ Shift 키를 함께 누르면 이동 속도가 느려져서 카메라 각도를 미세하게 조절할 수 있습니다.

게임 편집 중 화면을 이동하다 보면 내가 찾는 아이템이 넓은 가상 공간의 어디에 있는지 알 수 없는 경우가 자주 있습니다. 이 경우 탐색기에서 내가 찾고 싶은 아이템을 클릭하고 F 키를 누르면 해당 아이템으로 바로 이동합니다. 지형이 복잡하고 아이템이 많을 때 특히 유용합니다.

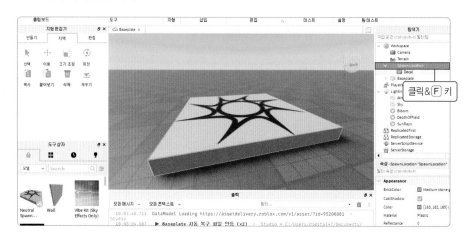

무작정 따라하기 07 파트 제어하기 ━━━━━━━

1 메뉴바의 [홈] 또는 [모델] 탭을 선택하고 [파트]를 클릭하면 화면 정중앙에 파트가 하나 생성됩니다.

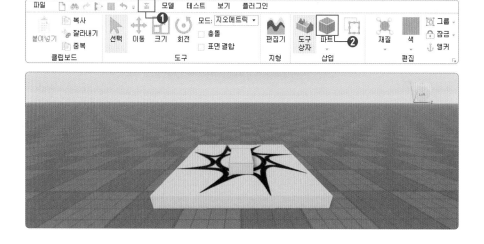

2 스폰 위에 있는 파트를 원하는 위치로 이동시켜 보겠습니다. 피트를 클릭하고 메뉴바의 [홈] 또는 [모델]에서 [이동]을 선택합니다.

선택한 파트 주변에 방향을 의미하는 화살표가 나타납니다. 3D 입체 공간이므로 X, Y, Z축으로 이동하는 세 가지 화살표가 나타납니다. 화살표를 드래그하여 파트를 원하는 위치로 이동합니다.

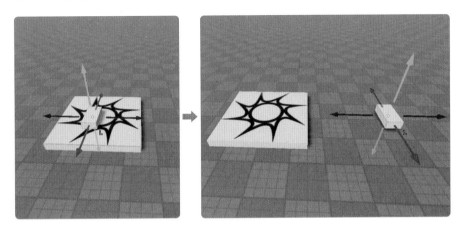

 화면에서 파트의 이동을 제대로 확인할 수 없다면 카메라 위치를 바꾸고 공간을 확인하는 것이 좋습니다.

3 파트의 크기를 변경해 보겠습니다. 메뉴바의 [크기] 아이콘을 선택합니다.

선택한 파트 주변에 X, Y, Z축 방향으로 크기를 조절할 수 있는 작은 공이 나타납니다. 공을 마우스로 드래그하여 파트의 크기를 조절합니다.

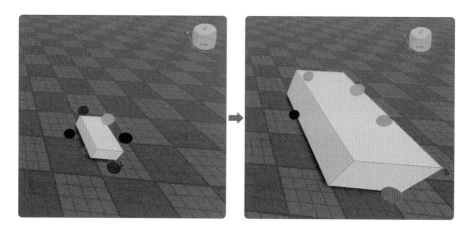

> **Tip**
> 프로그램이 업데이트되어 메뉴 이름이 조금 다를 수 있습니다. 아이콘 이미지는 그대로이므로 책의 내용을 따라 하는 데는 문제없을 거예요.

4 파트를 회전시켜 보겠습니다. 메뉴바의 [회전] 아이콘을 선택합니다.

선택한 파트 주변에 X, Y, Z축 방향으로 회전할 수 있는 세 개의 원이 나타납니다. 회전하려는 방향의 원을 선택하고 드래그해서 파트를 회전시킵니다.

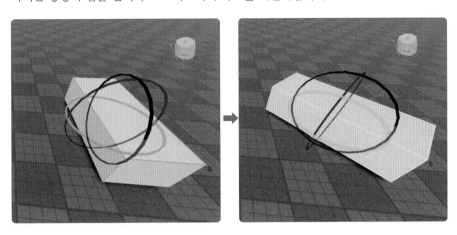

파트를 회전시킬 때 일정 각도만큼만 회전하는 것을 느꼈나요? 파트를 이동할 때나 크기를 바꿀 때도 파트가 부드럽게 움직이지 않고 딱딱 끊어지듯 움직인다고 느꼈을 겁니다. 프로그램에서 정한 값만큼 이동하고 회전하기 때문입니다. 아이템을 일정 간격으로 균일하게 배치할 때 유용하기 때문이죠.

메뉴바의 [모델] 중 '그리드에 맞추기' 항목에서 회전 각도와 이동 단위를 설정할 수 있습니다. 로블록스의 거리 단위는 스터드입니다. 현실에서 거리를 미터로 표시한다면 로블록스 세상에서는 스터드로 표시합니다. 만약 파트를 자유롭게 배치하고 싶다면 '회전', '이동' 메뉴 앞에 있는 체크 박스를 해제하면 파트를 좀 더 부드럽게 이동하고 회전할 수 있습니다.

5 파트의 색깔을 변경해 보겠습니다. 파트를 선택한 상태에서 속성 창을 보면 다양한 항목이 표시됩니다. BrickColor(브릭컬러)를 클릭하면 색상표가 나타나며, 원하는 색상을 선택하면 파트의 색이 바뀝니다.

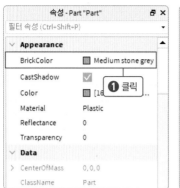
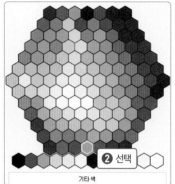

Color(컬러)를 선택하여 원하는 색을 고르거나 R, G, B 색상 값을 직접 입력할 수 있습니다.

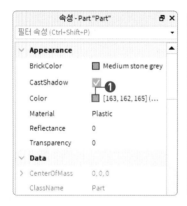
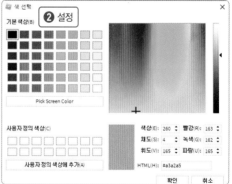

6 재질을 바꿔보겠습니다. 재질은 벽돌, 콘크리드, 플라스틱, 금속, 잔디, 목재, 대리석 등 파트의 표면을 현실의 다양한 사물처럼 꾸미는 값입니다. 속성 창의 Material(재질)을 클릭하고 원하는 재질을 선택하면 파트가 해당 재질로 바뀝니다.

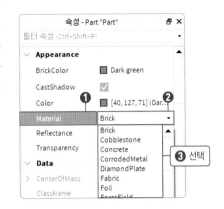

파트를 파란색 네온 블록으로 바꾸었습니다.

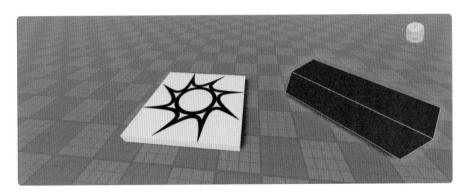

7 파트에 사각 블록만 있는 것은 아닙니다. 메뉴바에서 파트 아이콘 아래에 있는 작은 화살표를 클릭하면 블록, 구형, 쐐기형, 원통 4가지 타입 중에서 선택할 수 있습니다.

무작정 따라하기 08 도구 상자 이용하기

1 로블록스 스튜디오 화면에서 도구 상자가 보이지 않는다면 메뉴바의 [홈]에서 [도구 상자]를 클릭합니다.

로블록스 스튜디오의 왼쪽에 도구 상자가 나타납니다.

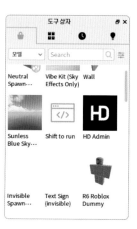

2 도구 상자에서 Easy Teleporter를 검색하여 선택합니다. Easy Teleporter는 아바타가 하나의 박스에 닿으면 다른 박스로 자동 이동하는 기능을 가진 모델입니다. 화면에 뜨는 경고 창은 Easy Teleporter 모델에 텔레포트에 필요한 루아 코드가 이미 포함되어 있다는 표시로 코드를 확인하라는 내용입니다. [확인]을 클릭합니다.

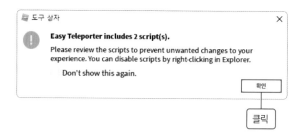

3 메인 화면에 Easy Teleporter가 추가됩니다. 텔레포트의 크기와 위치를 조절합니다.

4 도구 상자에 있는 다른 모델들도 자유롭게 추가해 봅니다.

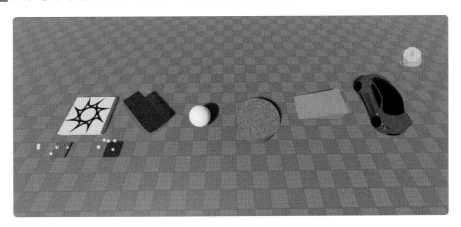

게임 테스트 방법 알아보기

인기 있는 게임을 제작하려면 충분한 테스트와 수정을 통해 게임의 완성도와 재미를 높이는 것이 중요합니다. 게임을 플레이해 보고 설계한 게임이 머릿속으로 상상한 것과 동일한 모습인지, 아바타와 비교하여 게임 아이템들의 크기와 위치는 적절한지, 그리고 아바타가 이동하는 데 문제는 없는지 등을 살펴봅니다.

메뉴바에서 [테스트] 탭을 선택하면 게임을 플레이할 수 있는 메뉴가 있습니다. 게임을 테스트하는 방법은 총 3가지입니다.

❶ **플레이** : 내 아바타가 게임 플레이어로 나타나서 게임을 처음부터 시작하는 일반 테스트 방법입니다.

❷ **여기서 플레이** : 전체 게임 중 현재 카메라의 위치에 내 아바타가 등장하여 게임을 플레이하는 테스트 방법입니다.

❸ **실행** : 게임 플레이어 없이 현재 만든 게임의 배경과 장치 등을 살펴볼 때 사용합니다. 실행 화면에 아바타가 나타나지 않으니 카메라 위치를 조정하며 전체 게임을 살펴보면 됩니다.

1 메뉴바의 [테스트] 탭에서 [플레이]를 선택합니다.

테스트 모드로 게임이 시작되고 내 아바타가 화면에 등장합니다. 게임 속 아바타는 W, S, A, D 키로 앞쪽, 뒤쪽, 왼쪽, 오른쪽으로 이동하며 Spacebar 를 누르면 점프합니다.

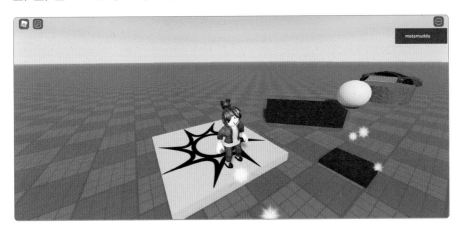

2 Easy Teleporter의 빨간색 박스 위로 이동합니다. 아바타가 파란색 박스로 자동으로 이동하는 것을 확인할 수 있습니다.

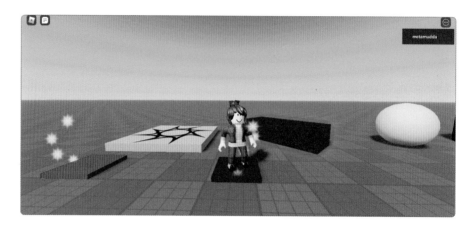

3 게임을 중지하려면 [중지]를 클릭합니다.

04 점프 게임 만들기

01 파트 속성 제어하기

지금까지 로블록스 스튜디오에서 카메라 이동, 원하는 위치에 파트를 추가하고 모양과 속성 수정, 게임 테스트하는 방법 등을 살펴보았습니다. 지금까지 살펴본 내용만으로도 로블록스 스튜디오에서 간단한 게임을 제작할 수 있습니다.

이제 게임 플레이어가 공중에 떠 있는 블록을 따라 이동하는 간단한 Obby 점프 게임을 만들어보겠습니다. 파트의 속성을 제어하는 방법을 알면 여러 가지 블록으로 다양하게 응용할 수 있습니다.

🏃 무작정 따라하기 10 ▶ 공중에 떠 있는 블록 만들기 ─────

1 로블록스 스튜디오 메인 화면의 [새로 만들기]→[Baseplate]를 클릭하여 새 게임을 만듭니다. Baseplate 빈 공간에 스폰 로케이션만 있는 상태입니다.

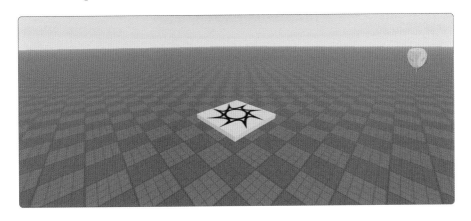

2 Baseplate 크기를 작게 수정합니다. 탐색기에서 Workspace 하위에 있는 Baseplate를 선택합니다. 속성 창에 Baseplate의 속성이 표시됩니다.

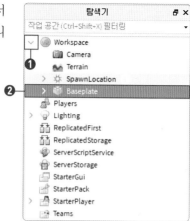

3 속성 창의 스크롤바를 아래로 내려서 Size(크기) 항목을 찾습니다. Size는 X, Y, Z 세 가지 값으로 되어 있습니다. X와 Z 크기를 20으로 수정하면 Baseplate의 크기가 변경되어 공간 안에 떠 있는 작은 블록으로 바뀝니다. 이곳이 점프 게임의 시작 지점이 됩니다.

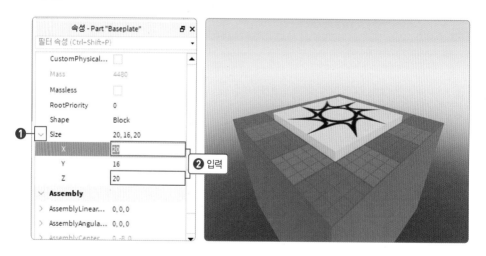

4 점프해서 이동할 블록을 만들기 위해 파드를 추가하고 파트의 크기와 위치를 조절하여 Baseplate와 간격을 두고 공중에 떠 있도록 수정합니다.

5 탐색기에서 Part를 선택합니다. 속성 창의 스크롤바를 아래로 내려서 Anchored를 찾 아 이 속성에 체크합니다. Anchor는 배의 닻이라는 뜻으로, 배를 고정하기 위해 닻을 사용하듯이 이 속성을 사용하면 블록이 공중에 고정됩니다.

> **Tip** 로블록스 게임 세상에서도 물리 법칙, 즉 중력이 작용합니다. 따라서 고정되지 않은 블록은 게임이 시작되자 마자 중력에 의해 바닥으로 떨어져 보이지 않게 됩니다.

6 다양한 형태의 블록을 공중에 떠 있도록 추가합니다.

7 게임을 플레이해 봅니다. 게임의 시작 지점에 내 아바타가 등장합니다. W, S, A, D 키와 Spacebar 를 눌러 블록과 블록 사이를 점프하며 이동해 봅니다.

> **Tip** 블록과 블록 사이에 빠지면 아바타는 바닥으로 쭉 떨어지며 죽습니다. 하지만 잠시 후 스폰 위치에 아바타가 다시 등장하며 게임을 다시 시작할 수 있습니다.

게임에는 장애물이 있어야 더욱 재미있어집니다. 닿으면 아바타가 죽는 블록과 겉보기에는 단단해 보이지만 점프하여 딛고 서면 바로 땅으로 떨어지는 함정 블록을 추가해 봅시다.

무작정 따라하기 11 함정 블록 만들기

1 닿으면 죽는 블록은 도구 상자에 이미 만들어져 있습니다. 도구 상자에서 Kill brick!을 검색합니다.

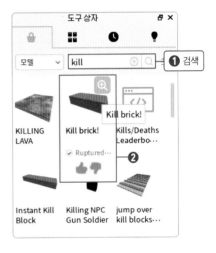

2 Kill brick!을 클릭하면 아래와 같은 경고 창이 나옵니다. Kill brick!에는 게임 플레이어를 제어하는 스크립트 코드가 포함되어 있으니 코드 내용을 확인하라는 경고입니다. 우리는 코드가 필요하므로 무시하고 [확인]을 클릭하여 게임에 추가합니다.

267

3 Kill brick!을 복사하여 여러 개 추가하면 게임의 난이도를 높일 수 있습니다.

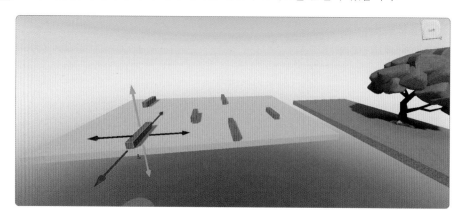

> **Tip** 게임을 실행하여 아바타가 이동 중 빨간색 블록에 닿으면 바로 생명이 다해 죽습니다. 다행히 아바타는 곧 부활하고 게임이 다시 시작됩니다.

4 두 갈래 갈림길을 만들고 하나의 길을 함정으로 만들어봅시다.

❶ 스폰에서 집까지 가려면 핑크와 연두 블록 중 하나를 지나야 합니다. 이 중 함정으로 만들 블록을 선택하고 속성 창을 확인합니다.

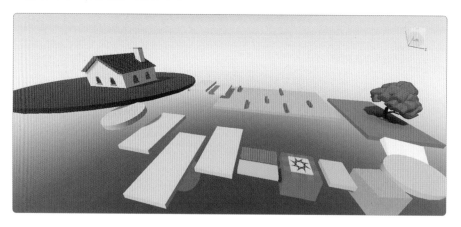

❷ 속성 창에서 CanCollide 항목을 찾아 체크 박스를 해
제합니다. CanCollide는 선택한 파트와 플레이어의
충돌 여부를 나타내는 속성값입니다. 이 속성을 사용
하지 않으면 플레이어가 파트에 닿아도 바로 통과하
여 바닥으로 떨어지게 됩니다.

5 메뉴바의 [테스트]에서 [플레이]를 선택하고 게임을 즐겨봅니다.

CHAPTER

이프랜드(ifland)

01 > 이프랜드 시작하기

01 이프랜드란 무엇인가?

이프랜드는 2021년 7월 14일 SK텔레콤이 출시한 메타버스 플랫폼으로, 쉬운 사용자 인터페이스 및 메타버스 모임에 특화되어 있습니다. 이프랜드는 모바일 전용 프로그램이므로 태블릿이나 휴대폰에 앱을 설치하여 사용해야 합니다. 본 책에서는 안드로이드 OS를 기준으로 설명했으나 iOS 앱과 큰 차이는 없습니다.

무작정 따라하기 01 이프랜드 가입하기

1 구글스토어 또는 앱스토어에서 이프랜드(ifland)를 검색하여 설치합니다.

|잠|깐|만|요| **구글스토어에서 검색이 안 돼요**

이프랜드는 고사양이 필요한 앱으로, 사용 가능한 단말기에 제한이 있습니다. Android 8.0 이상, iPhone XS 이상이고 메모리가 4GB 이상인 휴대폰에서만 지원합니다. 만약 구글스토어나 앱스토어에서 앱이 검색되지 않으면 불행히도 해당 단말기는 이프랜드를 지원하지 않으니, 다른 모바일 기기를 사용해야 합니다.

2 이프랜드 앱을 처음 실행하면 휴대폰 기기에 대한 접근 권한을 묻는 화면들이 차례대로 나타납니다. 마이크를 이용하여 다른 사용자들과 대화하고 사진, 미디어, 파일 등을 공유하기 위해 접근 권한을 허용합니다.

3 회원가입 화면이 나타납니다. 안드로이드 기기에서는 T아이디, 페이스북, 구글 계정으로 로그인할 수 있습니다. 원하는 계정을 선택하면 해당 계정으로 로그인됩니다.

 iOS 기기에서는 애플 ID로도 로그인할 수 있습니다.

4 이프랜드 서비스 약관에 동의하고 이프랜드를 시
작합니다. 마케팅 수신은 선택사항입니다.

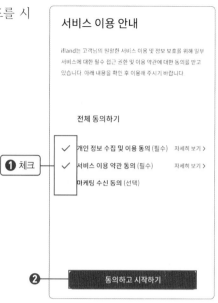

5 나의 이프미(ifme)를 선택하는 화면이 나타납니
다. 이프랜드에서는 아바타를 이프미라고 부릅니
다. 화면 중간에 보이는 이프미들을 좌우로 움직여
마음에 드는 모습을 선택합니다.

화면 하단의 닉네임에는 임의의 이름이 표시되는
데 닉네임을 클릭하여 원하는 이름으로 수정하면
됩니다.

[ifland 시작하기]를 탭하면 모든 설정이 끝나고
이프랜드가 바로 시작됩니다.

> **Tip** 미리 설정된 이프미가 마음에 안 들어도 우선 하나를 선택
> 하고 다음 단계로 진행해 주세요. 이프랜드 안에서 이프미의
> 모든 부분을 자유롭게 수정할 수 있습니다.

이프랜드 메인 화면에는 나의 이프미와 함께 화면 하단의 네비게이션 바와 상단의 메뉴가 나타납니다. 꼭 알아야 하는 기능 위주로 간략하게 살펴보겠습니다.

🏠 (홈)

홈 화면에서는 나의 이프미와 함께 실시간으로 열리는 다양한 모임을 확인할 수 있습니다. 손가락으로 화면을 내리면 더 많은 모임을 확인할 수 있습니다. 각각의 모임에는 이름, 공간 콘셉트, 모임 시작 여부, 참여인원 등이 표시됩니다. 이미 시작된 모임을 선택하면 해당 모임에 바로 참석하게 됩니다.

오픈 예정인 모임을 선택하면 알림을 등록할 수 있는 화면이 나타납니다. [알림 등록]을 탭하면 모임 시작 10분 전에 알람이 울립니다.

모임은 공개 · 비공개 설정이 가능합니다. 비공개 모임은 모임 정보에 🔒 아이콘이 표시되고 입장 코드를 아는 사람만 입장할 수 있습니다. 공개 모임은 누구나 참석할 수 있습니다.

> **Tip** 　**추천** 표시가 있는 모임은 이프랜드가 자체적으로 제휴하고 진행하여 추천하는 모임입니다.

⭐ (Special Land)

Special Land 화면에서는 인기 있는 모임과 이프랜드가 추천하는 모임을 확인합니다. 이프랜드에서 핫한 모임들을 확인하고 마음에 드는 모임에 참석할 수 있습니다.

탭

🔍 (찾기)

찾기 화면에서는 랜드와 친구를 검색할 수 있습니다. 검색어를 입력하면 현재 진행 중인 랜드와 오픈 예정인 랜드를 모두 확인할 수 있습니다. 또한 닉네임으로 친구를 검색하여 내 친구가 가입했는지도 확인 가능합니다.

📅 (캘린더)

홈 화면의 우측 상단에는 캘린더 아이콘이 있습니다. 아이콘을 클릭하면 캘린더 화면이 나오고 이프랜드의 주요 일정을 달력 형태로 확인할 수 있습니다. 이프랜드에서 진행되는 다양한 주제의 행사와 모임을 일자별로 한눈에 확인할 수 있어 유용합니다.

회원가입하면서 임시로 설정한 이프미와 개인 프로필을 수정해 보겠습니다. 이프랜드에서는 3D 형태의 이프미를 무료로 꾸밀 수 있으며, 특히 모바일 환경임에도 불구하고 고화질의 수준 높은 그래픽 효과로 이프미의 성별, 헤어스타일, 의상, 메이크업을 설정할 수 있어 사용자들에게 좋은 반응을 얻고 있습니다.

무작정 따라하기 02 이프미 수정하기 ────────

1 홈 화면에 보이는 나의 이프미를 탭하면 꾸미기 화면을 로딩하는 화면이 나타납니다. 데이터 로딩이 끝나면 이프미 꾸미기 화면이 나타납니다.

|잠|깐|만|요| **화면 로딩에 시간이 한참 걸려요**

이프미 꾸미기나 모임 방 입장 등 새로운 화면으로 이동할 때, 네트워크를 통해 화면을 꾸미는 데 필요한 데이터를 다운 받게 됩니다. 공용 네트워크 환경이나 모바일 네트워크가 불안정한 경우, 서비스가 원활치 않아 화면 로딩에 오랜 시간이 소요될 수 있습니다. 네트워크 신호가 원활한 5G/LTE 환경이나 개인 Wi-Fi 환경에서 이프랜드에 접속하기를 권장합니다.

2 이프미 편집 화면 우측 상단에는 선택 아이콘이 있습니다. 수정하고 싶은 아이콘을 선택하면 하단 꾸미기 아이템이 변경됩니다.

   ❶ : 이프미 전신이 화면에 나타납니다. 이프미의 한 벌 의상, 상의, 하의, 신발을 편집할 수 있습니다.

   ❷ : 이프미의 얼굴이 화면에 클로즈업됩니다. 헤어, 안경, 얼굴·코 모양, 눈썹·눈썹 색상, 볼터치·점, 수염 등을 편집할 수 있습니다.

3 화면 중간에 있는 아이템 카테고리를 선택하면 해당하는 꾸미기 아이템들이 화면 하단에 나타납니다. 화면 하단에서 아이템을 선택하면 이프미가 착용한 모습을 바로바로 확인할 수 있습니다.
이프미를 편집한 모습이 마음에 안 들 때, 이프미 아래의 ← 을 탭하여 마지막 적용 항목을 실행 취소할 수 있고, ↻ 을 탭하여 모든 항목을 편집 전 상태로 되돌릴 수 있습니다. 이프미 편집을 마쳤으면 반드시 [저장]을 눌러야 합니다. 저장하지 않으면 애써 편집한 내용이 반영되지 않습니다.

> **Tip** 이프미에 손가락을 대고 드래그하면 옆모습부터 뒷모습까지 360도 회전한 모습을 확인할 수 있습니다.

눈동자를 파랗게 하고 싶어요

얼굴 편집 모드에는 화면 맨 아래쪽에 아이템의 세부 색상을 설정할 수 있는 색상 선택바가 있습니다. 헤어스타일의 머리색, 눈의 눈동자 색, 선글라스의 안경알 색 등 얼굴의 세부 항목을 사용자의 취향대로 꾸밀 수 있습니다.

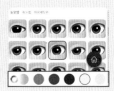

무작정 따라하기 03   프로필 수정하기

1 이프랜드 홈 화면에서 화면 중간의 닉네임 부분을 탭하면 개인 프로필 수정 화면이 나타납니다.

2 원하는 항목을 탭하여 수정합니다.

❶ ⟨ : 홈 화면으로 이동합니다.

❷ ⚙ : 환경 설정 화면으로 이동합니다.

❸ : 이프미 편집 화면으로 바로 연결됩니다.

❹ 닉네임을 클릭하면 닉네임 편집 화면이 나타납니다. 최대 16자리까지 입력할 수 있습니다. 입력 후에는 꼭 [저장]을 눌러주세요.

❺ 자기소개, 관심 태그, SNS 링크 등을 탭하면 각각의 정보를 입력하는 화면이 나타납니다. 자신을 소개하는 내용을 추가합니다.

02 > 랜드에서 모임 열기

01 랜드(land)란 무엇인가?

랜드는 아트 갤러리, K-pop 하우스, 도서관, 전망 좋은 루프 탑, 학교 교실, 콘퍼런스 홀 등 다양한 콘셉트의 공간에서 최대 131명이 음성 또는 채팅으로 소통할 수 있는 메타버스 속 가상 공간입니다. 누구나 쉽게 랜드를 만들고 친구들을 초대하여 모임을 열 수 있고 다른 사람이 만든 랜드에 입장하여 새로운 친구들을 사귈 수도 있습니다. 또한, 랜드에는 모든 참가자가 함께 볼 수 있는 대형 스크린이 있어 스크린에 자료를 공유하고 간단하게 컨트롤하며 소통할 수 있습니다.

무작정 따라하기 04 랜드 만들기

1 이프랜드 메인 화면의 하단 메뉴에서 ➕ 아이콘을 탭하면 'land 만들기' 화면이 나타납니다.

2 랜드를 만들기 위한 옵션을 설정합니다.

❶ 만들고 싶은 모임의 제목을 입력합니다. 제목은 최대 20자까지 입력할 수 있습니다.

❷ 선택할 수 있는 랜드 공간이 쭉 나열되어 있습니다. 다양한 콘셉트의 공간이 제공되며 학교, 기업과의 제휴를 통해 새로운 공간이 계속 추가되고 있습니다. 공간 목록을 좌우로 드래그하여 원하는 공간을 선택합니다.

❸ 랜드 시작 시간을 설정합니다. 랜드를 바로 공개하려면 [바로 시작]을 선택하며, 기본적으로 2시간 동안 모임을 진행할 수 있습니다. 특정 날짜와 시간에 랜드를 열려면 [미리 예약]을 선택합니다. 날짜를 탭하면 날짜와 시간 입력 화면이 나타나며 시작 및 종료 시간을 10분 단위로 설정할 수 있습니다.

❹ 랜드의 공개 여부를 선택합니다. 공개를 선택하면 이프랜드의 모든 사용자가 랜드에 자유롭게 입장할 수 있습니다. 비공개를 선택하면 이프랜드에서 자동으로 입장 코드가 발급되고 이를 입력한 사람만 랜드에 참석할 수 있습니다.

❺ 화면 하단의 [저장]을 탭하면 'land 만들기 완료' 화면이 나타납니다.

3 'land 만들기 완료' 화면에서 [입장]을 탭하거나 랜드를 바로 시작하게 설정한 경우 랜드를 로드하는 화면이 나타납니다. 처음 들어가는 공간이라면 랜드를 시각적으로 표현하기 위해 필요한 그래픽 정보를 다운로드할 것인지 묻는 팝업 창이 나타납니다. 랜드에 입장하려면 [예]를 선택합니다. [아니오]를 선택하면 그래픽 정보를 다운로드하지 못하므로 랜드에 입장하지 못하고 홈 화면으로 이동합니다.

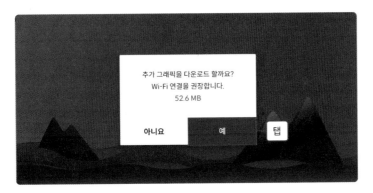

> **Tip** 다운로드할 그래픽 정보는 공간에 따라 다릅니다. 그래픽 정보가 많으면 로딩 시간이 오래 걸립니다. 한번 입장한 공간은 그래픽 정보가 이미 다운로드된 상태이므로 재입장 시 로딩 시간이 단축됩니다.

4 랜드에 입장하였습니다. 화면에 나의 이프미가 나타납니다.

> **Tip** 랜드 속 나의 이프미 위에 닉네임이 항상 표시됩니다.

랜드의 화면 상단에 있는 여러 가지 아이콘의 기능을 간단하게 살펴보고, 기본 인터페이스를 사용하여 랜드를 둘러봅니다. 또한 다양한 표정과 동작으로 감정을 표현해 보겠습니다.

무작정 따라하기 05 랜드에서 즐기기 ———————

1 화면 좌측 하단에 있는 동그란 조이스틱 버튼을 상하좌우 움직이면 캐릭터가 해당 방향으로 움직입니다. 조이스틱의 중심에서 손가락까지의 거리에 따라 이프미의 동작이 다릅니다.

└ 손가락을 조이스틱의 중심에 가깝게 살짝 움직이면 이프미는 천천히 걸어갑니다.

└ 손가락을 조이스틱의 중심에서 멀리 움직이면 이프미는 열심히 뛰어갑니다.

2 화면 우측 하단에 있는 감정·모션 박스의 작은 화살표를 탭하면 박스가 커지며 전체 감정 이모티콘이 표시됩니다. 감정 이모티콘을 탭하면 이프미가 해당 동작을 실행합니다. 내 이프미의 동작은 랜드 참가자가 모두 볼 수 있으므로 모임에서 인사, 동의, 호응 등 다양한 감정을 표현할 때 유용합니다.

> **Tip** 음표 표시가 있는 이모티콘을 누르면 이프미가 다양한 춤동작을 실행합니다.

3 랜드를 살펴보면 🔘 아이콘이 붙은 아이템이 있습니다. 해당 아이템을 탭하면 이프미와 상호작용이 있다는 뜻입니다. 이 공간에서 아이콘을 탭하니 이프미가 의자에 앉아서 모임에 참석하게 됩니다.

상단 인터페이스 살펴보기

① 🧑‍🤝‍🧑 **1 / 131** : 참가자 표시입니다. 현재 입장한 인원 수와 랜드에 입장 가능한 최대 인원이 표시됩니다. 랜드에는 호스트 포함 최대 131명이 동시 접속 가능합니다. 참가자 표시를 탭하면 참가자 목록이 나타납니다. 호스트, 발표 권한이 있는 참가자, 말하고 있는 참가자, 마이크가 꺼져 있는 참가자 등 참가자들의 상태를 바로 확인할 수 있습니다.

|잠|깐|만|요| **랜드에 참여했는데 내 이프미가 안 보여요!**

랜드에 참여하는 방식은 2가지가 있습니다.
- **이프미 방식** : 랜드에서 이프미가 보이고, 오디오와 채팅에 참여할 수 있습니다.
- **오디오 방식** : 랜드에서 이프미가 보이지 않지만, 오디오와 채팅은 참여할 수 있습니다. 하나의 랜드에 참여할 수 있는 인원은 최대 131명이지만 이프미가 보이는 인원은 31명으로 제한되어 있습니다. 즉, 랜드 참여 인원이 많아지면 나중에 입장하는 100명은 자동으로 오디오 방식으로 참여하게 되어 랜드 안에서 이프미가 보이지 않습니다.

❷  : 채팅 창이 나타나 다른 사용자들과 대화를 나눌 수 있습니다. 채팅 창의 ◉ 아이콘을 탭하면 키보드가 나타나서 메시지를 입력할 수 있습니다.

❸ ⓘ : 랜드의 이름, 호스트, 공유 링크 등 기본 정보가 표시됩니다. 랜드 정보 중 🔑 아이콘 옆에 있는 숫자는 입장 코드입니다. 비공개 랜드는 입장 코드를 아는 사람만 입장할 수 있습니다.

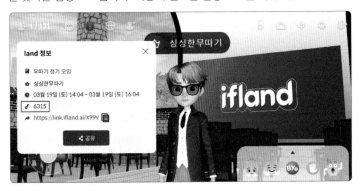

❹ 🌐 : 다른 모임 탐색 메뉴입니다. 이 아이콘을 탭하면 아래와 같이 다른 랜드 목록이 나타납니다. 목록에서 랜드를 탭하면 해당 랜드로 바로 이동합니다.

❺ 📇 : 친구 초대 메뉴입니다. 탭하면 친구를 이 랜드로 초대하는 메시지를 보내는 화면이 나타납니다. 초대할 친구를 선택하면 초대 문자가 전송되고, 링크를 클릭하면 랜드로 바로 연결됩니다.

└ 초대 메시지 전송 화면

└ 초대 메시지가 전송된 모습

❻ 📱·🔲 : 전체 화면 보기 메뉴입니다. 탭하면 발표 자료를 모바일 기기의 전체 화면으로 볼 수 있습니다. 참고로 랜드의 호스트는 발표 자료를 선택하고 다음 장으로 넘길 수 있는 권한을 갖는데 이 메뉴에서 발표 자료를 제어합니다. 그래서 호스트의 화면에서는 전체 화면 보기가 📱으로 표시되고, 일반 참여자 화면에서는 🔲 으로 표시됩니다. 여기서는 호스트 화면을 기준으로 살펴보겠습니다.

📱 아이콘을 탭하고 화면을 살짝 터치하면 랜드의 기본 인터페이스와 함께 화면 하단에 콘텐츠를 제어할 수 있는 메뉴가 나타납니다. 우측 상단의 📱아이콘은 ⚡으로 바뀐 상태입니다.

우측 하단의 [자료 공유]를 탭하면 파일을 선택하는 팝업 창이 나타납니다. 랜드에서 다른 참여자들과 공유할 PDF 문서나 mp4 동영상, 이미지 등을 선택합니다.

선택한 자료가 스크린에 보이고, 화면 하단에 발표 자료를 앞뒤로 넘길 수 있는 인터페이스가 나타납니다. 우측 상단의 ✛ 아이콘을 탭하면 전체 화면이 종료됩니다.

전체 화면이 종료되면 랜드 화면으로 돌아옵니다. 랜드의 스크린에 선택한 자료가 공유되고 있습니다.

❼ ▣ : 사진 촬영 메뉴입니다. 탭하면 랜드 속 이프미의 현재 모습이 촬영되어 휴대폰 사진 갤러리에 저장됩니다. 이프미의 인증샷이나 모임 단체 사진 등을 촬영할 때 유용합니다.

❽ ▣ : 마이크 ON/OFF를 제어하는 메뉴입니다. 마이크를 ON 상태로 하면 참여자의 목소리와 주변의 모든 소리가 다른 참여자에게 전달됩니다. 마이크가 ON 상태이면 ▣, OFF 상태이면 ▣으로 표시됩니다.

> **Tip** 이프랜드에서 모임 참여자가 실제 목소리로 음성 대화를 나눌 수 있다는 것은 큰 장점이지만 참여자들의 마이크가 항상 켜져 있으면 잡음이 발생하여 모임의 집중도가 떨어집니다. 모임에 참여할 때는 마이크를 OFF 상태로 유지하고 대화할 때만 ON 하는 것을 잊지 마세요!

❾  : 랜드의 여러 속성을 제어할 수 있습니다. 호스트는 랜드 정보 수정, 공지 등록 등 다양한 항목을 편집할 수 있습니다. 이 중 [마이크 권한 설정], [채팅 권한 설정]은 호스트 외 다른 참여자들에게 말하기와 채팅 권한을 줄 것인지 설정하는 항목입니다. 특히, 랜드 모임 중 좌중이 어수선하거나 집중이 안 될 때 다른 참여자들의 말하기와 채팅 권한을 제한할 수 있어서 매우 유용합니다.

> **Tip** 일반 참여자의 화면에는 '소리 듣기' 메뉴만 표시됩니다.

❿  : 랜드 나가기 메뉴입니다. 메뉴를 선택하면 다음과 같은 팝업 창이 나타납니다. 랜드를 나가려면 [예]를 선택합니다.

그런데 여러분이 랜드의 호스트라면 상황이 조금 복잡합니다. 호스트가 랜드를 나가면 랜드가 완전히 사라지기 때문입니다. 그래서 호스트가 랜드를 나갈 때는 다음과 같은 팝업이 뜹니다.

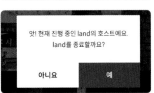

현재 랜드에서 진행되는 모임은 계속 유지한 채 호스트만 랜드를 나가고 싶을 때에는 호스트 권한을 다른 참여자에게 넘겨주고 나가면 됩니다.  메뉴에서 [호스트 변경]을 탭하면 참가자 리스트가 나타납니다. 리스트에서 새로운 호스트를 탭하고 저장합니다. 이제 호스트가 변경되었으니 안전하게 랜드를 나갈 수 있습니다.

INDEX

BEST EDUTECH COMPANY
FOR FUTURE EDUCATION

세상에 필요한 콘텐츠를 만듭니다.
그리고 콘텐츠를 통해 한걸음 나아간 세상을 만듭니다.

대 표 자	이치헌, 이다인
설 립 일	2015년 11월 18일
비즈니스	로봇 개발 / 교육 콘텐츠 개발 / 교육 플랫폼 기획 운영
위 치	〈본 사〉 서울시 도봉구 마들로13길 84 창동아우르네 213호 〈연구소〉 서울시 노원구 노원로 311 중계제1공단 503호
홈페이지	www.aluxonline.com